杨 时

（1053—1135）

福建历史文化名人丛书

福建省社会科学界联合会 编

楊時

程门立雪 闽学鼻祖

兰宗荣 张品端 编著

海峡出版发行集团 | 福建人民出版社
THE STRAITS PUBLISHING & DISTRIBUTING GROUP | FUJIAN PEOPLE'S PUBLISHING HOUSE

图书在版编目（CIP）数据

杨时：程门立雪　闽学鼻祖/兰宗荣，张品端编著.--福州：福建人民出版社，2016.7（2020.11重印）
（福建历史文化名人丛书）
ISBN 978-7-211-07412-9

Ⅰ.①杨…　Ⅱ.①兰…　②张…　Ⅲ.①杨时（1053-1135）—生平事迹　Ⅳ.①K825.1

中国版本图书馆CIP数据核字（2016）第155727号

杨时
YANGSHI
——程门立雪　闽学鼻祖

作　　者：	兰宗荣　张品端		
责任编辑：	何水儿		
出版发行：	福建人民出版社	**电　　话：**	0591-87604366(发行部)
网　　址：	http://www.fjpph.com	**电子邮箱：**	fjpph7211@126.com
地　　址：	福州市东水路76号	**邮　　编：**	350001
经　　销：	福建新华发行（集团）有限责任公司		
印　　刷：	福建省金盾彩色印刷有限公司		
地　　址：	福州市金山浦上工业区D区24幢		
开　　本：	700毫米×1000毫米　1/16		
印　　张：	6.25		
字　　数：	74千字		
版　　次：	2016年7月第1版		2020年11月第2次印刷
书　　号：	ISBN 978-7-211-07412-9		
定　　价：	25.00元		

本书如有印装质量问题，影响阅读，请直接向承印厂调换。

总 序

李 红

社会科学承载着“认识世界、传承文明、创新理论、咨政育人、服务社会”的重要功能，是人类赖以传承的精神支柱。近年来，福建省各级各部门认真贯彻《福建省社会科学普及条例》，社会科学普及工作扎实开展、稳步推进，通过举办全省社科普及宣传周、建立社科普及基地、开办社科普及讲坛等社科普及咨询平台载体，其制度化、常态化、大众化工作取得了明显成效。

习近平总书记指出，文化是民族生存和发展的重要力量，中华优秀传统文化已经成为中华民族的基因，植根在中国人内心，潜移默化地影响着中国人的思维方式和行为方式。福建文化是中华文化中极富特色的一部分，深度融入了中国文化的进程，展现出突破陈规、积极进取、兼容并包、锐意创新的胸襟和气魄。向大众传播福建优秀的历史文化知识，是福建省社科普及工作的重要内容。以接福建地气、讲福建故事、塑福建形象、续福建文脉的姿态编辑出版的“福建历史文化名人丛书”，既较为全面地展示了福建文化深厚的历史底蕴和丰富的人文精神，也为福建当下的社会文化建设提供了有益的资鉴。“福建历史文化名人丛书”所包含的朱熹、林则徐、严复、陈嘉庚等人物传记，记录了福建文化之于中国历史的影响，同时也以人物史的叙述方式生动地展现出中国人文精神的风骨和传统文化的传承。

今天，我们提倡和弘扬社会主义核心价值观，必须从中华优秀传统文化中汲取丰富营养，否则就会缺乏生命力和影响力。“福建历史文化名人丛书”记录了福建历史文化人物的价值观践行轨迹，重温了这批福建历史文化乃至中国历史文化史上重要人物的生命历程，以浅显晓畅、通俗易懂的叙述方式讲述了中华优秀传统文化传承的当代意义，开辟了社会科学知识进入千家万户的新路子。

“最忆市桥灯火静，巷南巷北读书声。”一套好的社会科学普及丛书，总是能带动起读书的风气。将学习作为一种追求、爱好和健康的生活方式，也是“福建历史文化名人丛书”所期望实现的目标。在文字中领略福建地域文化魅力，在阅读中传承传统文化养分，在感悟中提升人文道德情操，社会科学普及丛书的出版，可谓正当其时。

（作者系福建省人民政府原副省长，福建省政协原副主席）

目　录

第一章

弘农世裔　七岁能诗

天地生儒自有真，先年五百坠文星。
若非推步知端的，孰识龟山是降灵。

〔南宋〕冯梦得

郡望，是“郡”与“望”的合称。“郡”是行政区划，“望”是名门望族，“郡望”连用，即表示某一地域范围内的名门大族。古称郡中为众人所仰望的贵显家族。

福建僻处东南海隅，与中原相比，文化开发较迟。

到了两宋之交，天旋地转，泰运南来，闽地后来居上，一跃成为全国的文化重镇。闽中出现了一批闻名海内外、配祀孔庙的理学家，杨时就是其中之一。他是早期洛学南传的一代理学宗师。他不仅留下了“吾道南矣”“程门立雪”的千古佳话，而且上承二程洛学之传，下开闽学之绪，一传至罗从彦，二传至李侗，三传至朱熹，由朱熹集理学之大成，为福建文化翻开了新篇章。

世系流芳

杨姓得姓开始于周朝，最早的繁衍地在山西洪洞一带。先世有齐王伯侨，由晋归周，被封为杨侯，子孙因以为姓。

春秋时，杨国亡国后，王室后裔逃往陕西弘农郡华阴县一带。战国时，杨伯侨第十六世孙杨章任秦惠文王的左庶长，因战功显赫被封为华阴侯。华阴因而成为杨氏的发祥地，杨章被尊为华阴杨氏开基祖。因此也就有天下杨氏“源于三晋”“杨氏出关西”之说。

“弘农”是杨姓郡望，西汉元鼎四年（公元前113年）设置，辖有今河南的黄河以南和宜阳以西的洛水、伊水、淅川、陕西渭河下游关中平原南岸以及社川河上游、丹江流域一带。

杨氏入闽的始祖为杨荣，字子江，唐末被赐进士及第，并被委任为南剑州将乐县司户（司户是一种主掌百姓户籍的官）。将乐于三国吴永安三年（260年）开始设县，是福建省最早建县的七个古县之一，

杨时后裔居住地蛟湖村

因地处将溪之滨，土沃民乐而得名。杨荣任官期满时恰逢时局动乱，回籍路途受阻。因见将乐县城北郊龟山前有龙池溪，后有封山，东北面和西南面是龙池溪畔的大片农田，是耕读兴家的好地方。不仅如此，由于将乐历史上没有受到中原战火之殃，可谓安居乐业的“世外桃源”。于是杨荣就在将乐县北的龟山建宅落户，购置田产，占籍将乐。去世后就葬于此，成为将乐杨氏的开基祖。

杨时的父亲杨埴（字永谋）为杨荣三世孙，仍居将乐县北龟山。杨埴以“质直而信厚”“治家勤约有节”“恬于荣利而乐于义方”而闻名乡里，但屡次参加科举考试均落第，于是便不屑于当时的荣华，退老于家，以诗书自娱。杨时曾说，我曾经侍奉先父，了解他的个性，安闲、善言、懿行、饱闻、习见。他的诗文清切平易，不尚雕琢。他为人性格直爽、忠厚、守信，不会乱发脾气或积怨，治家勤劳、节俭，不求荣誉和名利，乐善好义。他有高远的节操，敦厚朴实平易近人，性情言语温和，有年长的德高望重者的风度，是一名隐居不仕的处士。杨埴活到63岁去世，葬在将乐县北龟山的北麓。杨时的好友建阳游酢曾为其写墓志铭，可惜已亡佚。

神童临世

杨埴19岁娶本县蛟湖村居士陈选之女陈氏为妻，可到了25岁膝下尚无儿女，心中难免戚戚。早得贵子，便成了杨埴夫妇的企盼。为此，陈氏早晚拜佛时，都要祈祷一番。也许是他们的诚心感动了上天，陈氏终于怀上了孩子。皇祐五年（1053年）十月二十五日，杨时诞生了。

杨时印章

杨时（1053—1135），字中立，号龟山。世居南剑州将乐县北龟山附近，因而自号“龟山”。他从小就特别聪明，善于写文章，人们都说他是神童。文天祥曾评价杨时：“七岁能诗，八岁能赋。”南宋咸淳年间，礼部尚书冯梦得赋诗赞道：

天地生儒自有真，先年五百坠文星。
若非推步知端的，孰识龟山是降灵。

杨时极为孝顺，小时候母亲陈氏去世，杨时居丧期间，悲伤异常。后来，杨时侍奉继母廖氏尤其谨慎。生母去世后，杨时的舅舅陈京及舅母将他接到自家生活，以便给予更多的照顾，他们将杨时视如己出。杨时对舅父母的抚育之恩念念不忘，他在《杨氏墓志铭》中写道：“比其亡（本文注：指杨时母亲病逝），而予尚幼，夫人抚存之，视犹子也。”杨时的祖母朱氏对杨时也朝夕抚养，关心他的冷暖病痛，亲自为他缝补衣服，到他长大，又教给他做人的道理。杨时在

《杨母朱氏墓志铭》中写道：

生子二人，二妇皆少亡，诸孙幼失所恃。夫人朝夕抚养，必知其燠寒疾痛，缀完缉敝，悉躬为之。比其成人，教以义方。故诸孙卒得所恃为成人，夫人之力也。

第二章

励志求学 师从伊洛

杨时曾先后拜河南洛阳的程颢、程颐为师，为程门“四大弟子”（游酢、杨时、谢良佐、吕大临）之一，留下了“吾道南矣”“程门立雪”的千古佳话。后来，杨时学得洛学真谛，被世人推崇为“程学正宗”。

励志求学

杨时从幼年时期就走上了求学的道路。从杨时的入闽始祖以来，世代祖先都是务农，父亲杨埴开始勉励儿子读书。杨时年仅4岁时，舅舅陈京就教他认字，5岁时，小杨时便央求舅舅送他去私塾学习。7岁那年，按古代将乐的习俗，是孩子开始上学俗称“启馆”之年，于是父亲就让他入村塾学习。在少年时期，杨时曾与蔡安礼等同学在家乡将乐县城内的西斋，跟随著名塾师杨希旦学习，并深受希旦的善言义行的影响。杨希旦是将乐人，从小就以文章和德行闻名乡里，可是，多次参加科举考试都落第，于是他决定怀抱经世的度量和才干，退老于家，以诗书自娱。后在他住宅西屋办了个私塾，称“西斋”。他对自己家族的弟子读书要求是很严格的。小杨时的读书表现，却使杨希旦对这位小侄儿刮目相看。课堂上每次提问题，希旦常常点名小杨时回答，以启发其他学生。他还常常单独辅导这位小侄儿，并经常与小杨时对句和诗，以此为娱。有时带着小杨时上含云山，教他指景赋诗。杨希旦的诗歌艺术很有特点，正如杨时所说：“先生诗文，清切平易，不以雕琢为工。览之者，亦足想见其风度云。”这对杨时日后所作诗歌也有很重要的影响。杨希旦去世十年之后，其子杨循道开始收集他生前遗文几百篇，编成文集，并请杨时作序。杨时对老师的情况很熟悉，并深受老师言行举止优良品质的影响。叙述显扬老师的善言义行，杨时义不容辞，于是欣然写下《杨希旦文集序》，他在序中说：“然幼尝得侍先生闲燕，其善言仪行，固已饫闻习见之矣。”

杨时求学的西斋与含云寺相邻，含云寺住持庆真禅师成了杨时的忘年交。含云山，四山环峙，朝暮间常有云气氤氲，山下有座寺庙，寺名含云寺，唐时有僧结庐其中而开山创寺。北宋年间，含云寺

含云寺

成为闽江上游古刹之最。此寺巍峨庄严，有山门、天王殿、大雄宝殿、观音殿、地藏殿、凌霄殿、齐天大圣殿、天坛、居士林等，香火十分旺盛。杨时曾筑室读书于此寺左山坡，常得到寺中住持庆真禅师的指教。庆真，福建顺昌人，出家受戒，曾云游江西，得法于泐潭月禅师，于是开悟。晚年来到将乐含云寺任住持。杨时曾在《含云寺真祠遗像记》一文中描述了他与庆真之间的交往。当时杨时正在学习参加科举考试的文章，没日没夜地抱着书本读，希望通过考试出仕，力图有所作为。禅师常常拄着禅杖经过堂下，发表一些抨击时事、讥讽当时学者读书风气的言论，当时杨时虽还没有领悟到那些话的真谛，然而看见禅师气定神闲的样子，不以世俗的牵累扰乱内心，即便还不能完全理解，也私下意识到他不是一个普通的僧人。等到杨时逐渐长大，知道了治学的方法，再回顾禅师所说的话，考证他所讲的道理，这时才更加相信他的贤德，于是感叹道："恨不得相从复如昔日

也。”杨时还作了一首《含云晚归寄真师》：

每扣禅关即晚归，尘中回首万缘非。
不愁幻翳迷心地，且听潮音振祖衣。
归路往来无别径，夜光清澈有余辉。
虎溪旧社知重约，陶令如今已息机。

因为杨时在含云寺读书的缘故，以含云寺为背景的“龟山弦诵”，明代就成为将乐县古八景之一。

清乾隆时“龟山弦诵”图

北宋治平四年（1067年），杨时15岁，第一次离开家乡，游学邵武。他专心研究儒家经籍和史书，声望日益高涨。此时，他已经开始确定把理学的研究当作自己一生的职责和事业。

熙宁五年（1072年）杨时20岁时，获预乡荐。当年冬天，他首次赴京师，准备参加次年春季礼部主持的科举考试。

途中，杨时就思念起在家的亲人，于是作诗《书怀》道：

敝裘千里北风寒，还忆箪瓢陋巷安。
位重金多非所慕，直缘三釜慰亲欢。

次年五月五日，他在汴京太学读书，写了《端午日》诗：

悠悠南北各天涯，欲望乡关眼已花。
忆得亲庭谁共语，应怜游子未还家。

诗中表达了游子对故乡将乐及亲人的思念之情。

熙宁六年，杨时在考试中没考中，补为太学生，在太学深造数月后回到家乡，继续攻读科举之书，准备再参加科考。后来，有几位乡贤向司户参军，官名，即司户参军事。宋各州置司户参军，掌户籍、赋税、仓库交纳等事。

他述说了他们的孩子没有老师授课之苦。于是，他自告奋勇，决定一边读书，一边讲学。后又因讲学地点的问题，最终在含云山含云寺左山坡建读书楼正式收徒讲学。他在这里著有《礼记解义》，并写了《含云寺书事六绝句》诗六首，其中一首感怀诗文这样表达他落第后的心情：

蝶梦轻扬一室空，梦回谁识此身同。

窗前月冷松阴碎，一枕溪声半夜风。

熙宁八年（1075年），杨时接受家乡的推荐，就读于太学。宋代太学有一套比较完整的学制。太学生从八品以下官员子弟和平民的优秀子弟中招收。太学设内舍、外舍。内舍生由太学供给饮食。宋神宗熙宁五年起，按规定外舍生也由太学供给伙食。许多读书人闻风而来。熙宁九年，杨时24岁，登莆田徐铎状元榜进士第。这年五月，杨时的岳父余适去世，杨时因参加科举考试未归，岳父之葬礼不能临穴探视，引以为憾。余适，将乐人，字永叔，登熙宁间乡举科，他去世后，杨时为他写了墓志铭。

熙宁十年，杨时被授予汀州司户参军之职。他因生病的缘故，气形俱衰，神志俱耗，没有赴任。杨时特意给他的长官写了一封《谢太守》的感谢信，来说明无法赴任的缘由。杨时的岳父余适平时尤其喜欢读《列子》。这一年，杨时为了表示对已逝岳父的纪念，写了《列子解》，还写了《虎头岩记》一文。

县城之东南，有虎头岩者。昔显德间，邑人设像于其中，冶金镂木为钟鼓，以警朝昏。旁有隙地，可以种艺稼穑，僧之居此者，足以衣食焉。自熙宁以来，旁之地为渔利者所夺，而僧之居是岩者，无以济朝夕，遂弃而之他。其后亦莫有守者。故岩之左右前后，薪木者不禁剪伐陵践，竹木无有遗蘖，于是岩之丑形，如张口待哺，耸据于东南之隅，邑人不暇求葺。……熙宁丁巳（1077年），……县之僧可淳者，使葺是堂于岩腹，刻木为像以镇之，所谓均庆禅祖是也。复作亭于岩股，以待往来游观者。落成，而僧可淳者求予文以志之……故予因书其废兴之由来以示往来者，使观之无惑焉。

虎头岩即将乐古八景中“龙岫烟霞”所在，此山形似虎头，又似龙头。杨时写作《虎头岩记》的目的在于将游观之美展示给来游者，使游人没有疑惑。

元丰元年（1078年）杨时抱病之中，因病继续在家休养，他写的《冬寒两齿忽觉动摇因成书怀》诗中吟道：“未年三十发先凋，岁晚俄惊两齿摇。”从诗句中可以看出，杨时所病不轻，未到30岁，头发已开始凋落，两齿动摇，面容憔悴，即使穿了很厚的衣服，仍然觉得冷。此后，杨时的病越来越严重，长期服药仍未见效，甚至连看书写文章的精力也没有，整天只得卧病在床。到后来，甚至连牙齿都脱落了。杨时为此写了《齿落书怀》：

身上萧条事事空，齿牙凋落剩衰翁。
渴心尚欠冰凌解，病骨长思药力攻。
文几倦亲尘土暗，断编慵理蠹鱼封。
南床稳卧陶公宅，枕上悠扬一榻风。

诗中既有对生病的感慨，更有对自己学业的不满意。

此后，他还写了《病中作》一诗：

通衢隔辙断经过，门巷空无雀可罗。
驱去儿童卧虚室，萧然惟一病维摩。

司理参军，简称司理。宋初各州有马步院，以军人为判官，掌狱讼。太祖开宝六年（973年）改各州马步院为司寇院，以文臣为司寇参军，后改司寇为司理。

诗中描写他因病与世隔绝，门可罗雀，就连家中的小孩子来到房中，也让他感到心烦而把他们赶走，整天一个人病恹恹的独自躺在空虚寂寞的屋舍中。有人介绍医者邓献匡来给他治病。杨时的病况逐渐好转。于是他在《赠医者邓献匡》一诗中高度赞扬了邓献匡的高超医术，并说："愿君速已天下疾，为予一洗沉病痊。"希望邓医师能充分运用妙手回春的医术快点帮他以及天下的病人把病都治好。南剑州知州程博文来到将乐，想召杨时到州学主持教育。杨时认为自己才疏学浅，不敢承命。其间又有泰宁人邹尧叟因丁父忧居丧，寓居将乐，与杨时交游。大概有一年多时间，他们俩天天形影不离，探讨问题。邹尧叟，即邹棐，嘉祐年间中进士第，调任淮阳军司理参军。

二程洛学

自从孟子去世，《孟子》七篇遗矩尚在，然而孔孟之儒家道统却没有传承下来。由文王到孔子，五百多年，如太公望、散宜生，这些人通过多看，然后能将道理记在心里；如孔子这些人通过多听，然后选择其中好的方面来加以学习。然而，儒家传至汉代以后，孔孟之道的本意逐渐迷失。这时候，有西方的佛教，窥见儒学衰落的可乘之机，传入中国，举世震动，人们纷纷望风响应，沉迷于佛教。习儒者或只重训诂考证，或将它混淆于佛老，为了获取功名利禄，已不知道儒学的真正精髓。在道教、佛教的冲击下，儒家有成为不传之学的危险。

正如杨时在《南剑州陈谏议祠堂记》中所说："自孟子殁，圣学

失传，六经微言，晦蚀于异论。宋兴，锄类夷荒，养息百有余年，名儒继出。”到了宋代，思想家们提倡革新儒学，开始注重性命义理的研究，理学（也称道学）便应运而生了。周敦颐的“濂学”、程颢和程颐的 “洛学”、 张载的“关学”成为理学的重要派别。

程颢（1032—1085），字伯淳，嘉祐年间进士，学者称明道先生。祖上世代居住在中山府，曾祖父时迁居开封府，后从开封徙居河南洛阳伊川（今河南洛阳伊川县），是北宋理学的奠基者之一。神宗朝，他任太子中允监察御史里行，是王安石新政的反对者之一。在学术上，程颢提出“天即理，只心便是天，尽之便知性”的命题；他认为仁是浑然与物同体，义礼智信都是仁，识得此理，便须以诚敬存之；倡导传心说；承认天地万物之理，无独必有对。宋哲宗即位，召程颢为宗正丞。程颢未行而卒，享年54岁。他撰有《定性书》《识仁篇》等，后人集其言论编有《遗书》《文集》等，都收入《二程全书》。

程颐（1033—1107），字正叔，世称伊川先生，出生于湖北黄陂，为程颢之胞弟，北宋著名的理学家和教育家。他历任汝州团练推官、西京国子监教授、秘书省校书郎、崇政殿说书。他的学说强调为学以“穷理”为主，认为“天下之物都能穷”，只是“一理”；“一物之理即万物之理”。这个“理”在天为命，在人为性，论其所主为心，其实只是一个“道”，从而强调“格物之理，不若察之于身，其得尤切”，并主张“涵养须用敬，进学在致知”的修养方法，目的在于“去人欲，存天理”，为名教纲常辩护。他还提出“饿死事极小，失节事极大”的论断；同时，他还着力宣扬“气禀说”。其著作有《周易程氏传》《遗书》《易传》《经说》，被后人辑录为《伊川先生文集》。

程颢、程颐共创“洛学”，为理学奠定了基础，世称“二程”。其学说在理学发展史上占有重要地位，后来为朱熹所继承和发展，世称“程朱学派”。明代后期二程的著作合编为《二程全书》，现在通行的版本有中华书局的《二程集》。

北宋嘉祐（1056—1063）年间，河南程颢、程颐二先生从儒家经典之中获得孔孟不传之学，并向天下推广。熙宁元丰（1068—1085）年间，二程洛学已形成了声势。二程提出了“理”的哲学范畴，认为“理”存在于天地万物之中，一草一木皆有理。他们还认为理是“天理”，是人类社会永恒的最高准则，并以此阐释封建伦理道德，把三纲五常视为天下永恒不变的道理。程门弟子中，建阳游酢、将乐杨时和上蔡谢良佐这三人的学问已进入奥妙之境。哲宗即位的时候，天下士子纷纷趋向王安石的学说，唯独杨时谴责王氏不懂得理学，批评他妄图凭着偏私的识见、偏颇的言论迷乱学者的耳目。

元丰三年（1080年），28岁的杨时前往开封到吏部听候迁调，临行前，将乐朋友为他饯行，杨时于是写下了《席上别蔡安礼》：

故里相看眼暂明，一尊聊此话平生。
杜陵苦被微官缚，元亮今为世网撄。
长路关山吾北去，春风梅岭子南征。
结邻莫负当时约，早晚沧浪共濯缨。

蔡安礼当时由福州怀安主簿调任惠州博罗县令。杨时在席上赋此诗，表达了两人从此一南一北为官场世网所撄的苦恼，期望有一天能够实现过去的约定，共同回到故乡过上悠闲平淡的田园生活。杨时又写下了《别西斋诸友》诗：

浮云如积酥，凉飚劲弦疾。
溶溶渺天末，飘忽易相失。
悬弧四方志，匏系非予匹。
平生结欢久，始愿胶投漆。
别离伤素怀，此身任萍迹。

诗中描绘了离别的黯淡气氛，渲染出怅惘之情。

吾道南矣

熙宁元丰年间，程颢、程颐兄弟俩在家乡讲授孔子和孟子的学术精要，黄河、洛水周边地区的读书人都集中在那里，争相拜二程为师。元丰四年（1081年），杨时正值徐州司法任满，因病寻医，调到京师为官。其间杨时结识了已在太学的同乡游酢（1053—1123），并成了密友，后来还成为儿女亲家。他们两人向二程执弟子之礼，并共同留下了“程门立雪”的佳话。

起初，游酢向他介绍了自己从学程门的经过与收获，并对杨时说：“程门之学乃圣人之学。求仁之道，必师从程门。”杨时听后，打定主意，要从师程门。由于求师心切，杨时在京师的官也不当了，和游酢到颍昌（河南许昌）拜程颢为师。杨时在《求学书》中写道：“某鄙朴无知，不量力之不足也，窃慕古人之学……调官至京师，于朋游间，获闻先生之绪言，鄙俗之心，固已潜释，于是慨然兴起曰：‘古之人，其相去甚远矣，尚或诵其诗，读其书，论其世，想见其为人而师之，又况亲逢其人哉？’其往不可复矣，此区区所以有今日之请也。”德性宽宏的程颢对这位游酢引荐的弟子以宾礼相待，师生相处很是快乐。程颢非常喜欢杨时，常常对人说与杨时相处最容易。在程氏众多弟子中游、杨脱颖而出，与吕大临、谢良佐并称“程门四大弟子”。杨时学成南归时，以师礼向程颢告别。程颢带着众弟子送杨时至书院大门口，杨时神色肃然地向程颢说：“先生教诲之恩，弟子铭记在心，日后定当竭力为道。”然后，又是一阵师生惜别，依依不舍。程颢看着杨时渐渐消失的背影，感慨地对众弟子们说：“吾道南矣！”意思是说，我的学说思想就要向南方传播了。程颢断定其学说将会通过杨时、游酢影响南方学人，后来的事实证明程颢的眼光是深远的。又过了4年，程颢去世。杨时听到噩耗传来，就在家设灵位哭祭，并将讣告用书信方式转告他的同学们。

元丰八年（1085年），杨时继母廖太君去世，杨时解官回到家乡服孝。其间与福建南平藏春峡吴仪往来频繁。《藏春峡六咏》《题赠吴国华钓台》等就是杨时赴南平与吴仪交游而创作的诗篇。

吴仪（1043—1125），字国华，号审律，为南剑州州学登第的第二人吴辅的二儿子，他虽然深受父亲影响，以学问起家，却天生不乐于仕宦。吴仪曾被授予将仕郎太晟府审验音律的职务。杨时在《吴国华先生墓志铭》中赞吴仪："自少笃志强学，老益不懈，六经、百氏之书，盖无所不究，穷探博取，自信不疑，尤深于诗、易，皆有成说。晚益玩心于象数、音律之学，自为一家。"杨时还把他视为前辈，认为年轻的时候跟审律先生交游感情最深厚。吴仪在南剑州南平城东玉屏山峡谷处精心构建别馆，经常邀约学友，讲学论道，开创南剑州民间讲学之先河。跟他学习的人很多，小小的藏春峡，很快就成为当时南剑州名人学子和地方官员神往的地方，对两宋时期的南剑州教育的发展也起到了举足轻重的作用。当时与吴仪交游的有理学名家杨时、朝廷谏官太学博士陈瓘（沙县人，1079年登进士第）、状元黄裳（南平人，1083年登进士第）以及元祐间南剑州知州王汝舟等。他们时常在藏春峡论学讲道、吟诗唱和，留存下颇多吟诵藏春峡的诗文歌赋。如杨时所作《藏春峡》：

山衔幽径碧如环，一壑风烟自往还。
不似武陵流出水，残红哪得到人间。

年仅13岁的罗从彦（1072—1135）闻得州治一带学风浓郁，曾慕名拜投吴仪门下，潜心学习，深受吴仪器重。后来，当吴仪把杨时已求得二程理学真谛的消息告诉他后，他又不辞辛劳地徒步前往将乐拜见杨时，开启了一段传唱千年的道脉学缘。

程门立雪

读书人都知道"程门立雪"的典故，反映的是学生对老师的尊重。

程门立雪，很多人认为是立在雪中，其实有误。立雪程门应是在屋内而非屋外，至少在屋檐下而不在冰天雪地之中，描写这一典故的资料很多，如《宋史·杨时传》《二程语录》中也全无门外立雪表述。

程颢去世后的第八年即元祐八年（1093年），杨时被任命为瀛州防御推官，后改授潭州浏阳知县事。他接到任命书后，于五月十九日到洛阳以师礼见程颐老师。杨时把自己从学程门后的体会禀报老师说："从吾先生游者，虽愚必明，虽柔必强，是知天下事唯义尔。"程颐笑着说："自信如此，谁能御之？"

杨龟山牌坊残块（将乐存）

这一年冬天的一个下午，洛阳纷纷扬扬的雪花从天空飘落下来，伊皋书院一派银白世界。杨时与从河清县到洛阳的游酢，一起去请教程颐老师。当推开程子馆门，见程颐老师正闭目而坐。两人不敢惊动，便悄悄地退了出来，站在堂下右廊恭候先生醒来。冬天日短，不觉已到黄昏，程颐醒来后，发现游酢和杨时站在右廊，便连忙招呼他俩上厅堂坐下。他俩向老师请安后，程颐说，哎呀！你们怎么还在这里没走啊？天已这么晚了，暂且去休息吧！游酢和杨时便只好离开了。当时，正是满天飞雪的隆冬腊月，门外积雪已有一尺之深，可见他们停留在这儿的时间已不短了。这就是脍炙人口的"程门立雪"的由来，他们尊师重道的精神成为千古美谈。程颐见杨时、游酢求师心切，又那么懂礼貌，心里非常高兴。多年以后，程颐从四川涪陵归来，了解到自洛学遭禁，他被流放涪陵后，程门学者大多改从佛学，只有杨时与谢良佐依然坚持研究理学，因而感慨地说："学生多流于夷狄，唯杨、谢二君长进。”后来，杨时学得洛学的真谛，东南学者推杨时为“程学正宗”，世称“龟山先生”。

元符二年（1099年），杨时被授予无为军判官，先后到南京拜谒张芸叟，到楚州拜谒徐仲车，到苏州拜谒李思和，到杭州拜谒府公丰相之。后路过桐庐，游历桐君山。杨时在桐君山上留下《登桐君山》诗一首：

翠崖千尺峙云高，楼殿翚飞压巨涛。

槛外回峰自连首，只因潭下有灵鳌。

诗中描绘了桐君山的优美景观。

第三章

社稷为重　亲民为先

杨时不仅是一位著名的理学家，还是一个很有影响力的政治家。从政期间，他身体力行儒家“民为邦本”的思想，倡导仁政，为国为民。他赈济灾民，兴修水利，力主抗金，谏言反腐，在百姓中竖起了一座丰碑。

仁治天下

治国平天下，施以王道，是传统儒家的政治理想。杨时不仅是一个著名的理学家，还是一个很有影响力的政治家。他一生致力于弘扬洛学、做贤臣，一生历经7朝，前后从政近50年，无论是早年担任地方小官，还是晚年入朝拜为重臣，都抱着“以义受禄于吾君为安”的自安心和“若使死可以救世，虽死不足恤”的济世志向主政议政。他为政、上书论事，言行之间无不透露着正己修身、为政以德、仁治天下的王道思想。两宋之际，国家遭遇较多棘手问题，吏治腐败、统治黑暗、暴政虐民现象层出不穷，社会动荡不安。生活于这一时代的杨时对国事民瘼给以极大的关注，依据王道的理论基础，他提出了一系列政治见解。

杨时认为求仁、保有仁心，是王道思想的根本。倡导王道之仁既是社会的需要，又是儒者的责任。民为邦本，失去民心，就会动摇国家的根基。他强调统治者须以仁心施政，忧民之所忧，乐民之所乐，视民如伤，以行王道。只有统治者有仁心，才会施仁政，才能得民心，也才能行王道。

“视民如伤”出自儒家经典《春秋左氏传》，意思是看待人民就像看待自己身上的伤痛一样，寓意统治者要关爱人民，顾恤民众的疾苦。这就需要统治者爱人节用，取用适时，重视抚民，使民有恒产，让他们能生活无忧、休养生息、安居乐业，这样才能使社会安定发展。他对百姓沦为盗贼的原因也作了分析，认为他们只是“被艰食所迫，姑且免死而已”。因此保障百姓的生存需要，是国家兴废之关键，要爱惜民财、维护百姓利益，不能巧取豪夺。他说：“古人于民，若保赤子。……为民父母，岂可暂时罔之，使之终身受其害？”百姓对于一些事是不知道“厉害所在”的，也预见不到“后害”，这时作为父母官就应该像对待赤子一样引导他们趋利避害。如果百姓穷困而统治者不加体恤，下层怨声载道而上层却不知情，国家就会土崩瓦解。他深信“水能载舟，亦能覆舟”的至理名言，只有不伤害百姓，才能得到百姓拥护，政权才能巩固。杨时总是胸怀一颗仁爱之心。例如，他写的《观猎》一诗中吟道：“林间百鸟恣孳乳，虽欲击搏知无由。”诗中体现了他看别人打猎进而联想到幼鸟待哺巢中的凄惨景象，从而生出浓浓的不忍之情。元祐七年（1092年），杨时乘船沿金溪经过顺昌，看见有婴儿曝尸洲渚间为乌鹰啄食，恻然心痛。所以他就写信给顺昌县令俞仲宽，论及县邑需要通过教化来避免溺婴陋习的问题。

法是公意、公器，立法不宜过于严苛而应持中，为政治国法度虽不可废，却不宜为先，杨时认为：“徒善不足以为政。……徒法不能以自行。二者不可偏举。”他又说立法要使人易避难犯，法律不可太严，也不能太宽，赞同“圣人经世立法常以中人为制”，指出“不以仁政，不能平治天下”。在杨时看来，人臣不该以刑名赏罚之说辅佐君主，否则会使君主失去仁心而有害于推行王道。君主的仁与不仁，都产生于内心，君心一旦出了问题，就会离正趋邪，必然有害于政治，所以政事之失源于君心之非。因此杨时主张推究君心的错误，使君心无不正。君主如果仅为一己之私为所欲为，不顾他人，则是仁心不显。君主拥有天下的财富，如果只顾追求身外的物质享受而流连忘返，必然伤财害民，所以必须用礼制进行节制。国君要保有仁心，必须明善有德。君主的言行关系天下，善与不善不仅会危害国家安定，也会导致上行下效，影响民风。

杨时认为诚意是王道思想的枢机。诚就是无妄、真实、实在。以诚在天为天道，禀赋于人则成为人的德性，人的德性由此上通天道。诚能由此及彼，一体感应，立竿见影。天理之诚不仅成就了人的德性，而且也是成就天下事务的关键。人道事务都必须去掉机心，统一于诚，也就是反诚其身。由诚意贯通修身与治世，使内外合一。内外合一既是通天下之志、类万物之情、参天地之化的极高明而道中庸的圣人境界，也是平治天下的王道理想。君臣共治国家如同人的完整身体，息息相关，所以一体相关之间应以诚意为主，如果没有诚意，就会人心不正，上下不统一，导致忠邪不分，难以成事。朝野上下缺少诚意就会出现一片蒙蔽、欺诈之声。而且没有诚意的礼制就会流于讲求繁文缛节的虚伪。因此，朝廷应以诚信取民。君臣在名分确定的前提下，只有秉承诚意，同心同德，才能成就王道大业，而要做到同心同德，要去除万人万样的私意。

至于通往王道的路径，杨时指出要想做愿治之君、实行王道政治，知人是根本，而知人需要心正不偏，杨时说："心有偏系，在不得其正，不得其正，则便嬖宠昵之私，得以自近，而正士远矣。夫公则明，私则蔽，公天下之善恶而无容心焉，则君子小人之情得矣。"安民之道，以知人为先，因为"不知人则仁贤不肖混淆"。同时，要善于用人。人君能否区分及用舍君子与小人，关系到国家的治乱，因此，知人十分重要。杨时说："然不知人，自天子至于庶人，其患一也。而天子为尤甚。盖君子小人之用舍，治乱之所由分也。"只有以公正之心、聚天下之智治理天下，才能上下一心，共图发展。乱世不无君子，治世也会有小人，只是使小人不为恶，不能使小人灭绝，因此，对小人应杜渐防萌。比如，宰相之职的任命事关国家治乱，所以能否成为一个愿治之君，关键在于能否谨慎地选择一个宰相。地方任官也应知人慎择。杨时说："窃以郡县王室之屏藩，而守令士民之师帅，尊卑虽异，任则则同，一非其人，众受其弊。顾百里之重寄，实唯万室之具瞻，军国调度之须，所取非一，兵民什一之会，其职匪轻。严之以法，则众离而不亲，抚之以宽，则事弛而不集。苟非恺悌之君子，曷庇困穷之小民。"在杨时看来，地方州县虽远离朝廷，却是国家的屏藩。地方官吏的任用不仅关系到国家的安危，更关系到民虔州，就是现在的江西赣州。“司法”是一种官名。唐制在府叫法曹参军，在州叫司法参军。宋沿袭唐制，各州设置司法参军。

众的生存，因此也不可不慎重。如果不能知人善任，为小人所蒙蔽，将会后患无穷。

杨时为官以社稷为重，亲民为先。他一生为官清正，莅职勤勉，知人善任，为民兴利除弊，扶世觉民，刚直不阿，重视节俭，珍惜民力，反对奢靡，同情民间疾苦，热爱国家，反对割地求和，反对卖国投敌，具有崇高的民族气节。他秉承儒家民本思想，所到之处皆有惠政，百姓思之不忘。因此可以说，杨时是一位能将政治理论与实践统一起来的优秀政治家。

元祐三年（1088年），杨时被授予虔州司法。在任职期间，杨时执法公平严明，刚正不阿，烛理精深，晓习律令，有些官员不能解决的刑事案件，他都能很快做出裁断。他与郡将讨论有关地方大事，都能坚守正义而不偏向某一边。在虔州司法任上，虔州太守楚潜议法平允，而通判杨增见解深刻，因此杨时常常依从楚潜的意见。通判杨增认为杨时有所偏心，一力附和太守，而轻视自己。等到楚潜去职后，继任的太守议政不主持公正，杨时极力与之争辩时，杨增才意识到原来问题还是出在自己身上，杨时之所以这样，是因为他能坚持自己的操守。

浏阳赈灾

虔州司法任满后，杨时调官不赴，闭门读书多年。他如涓涓细流般积累学问，知识越积越多，多年过去了已经没有人能揣测其深浅。直到绍圣元年（1094年），杨时才赴任潭州浏阳知县。杨时在浏阳任青苗法，亦称“常平新法”，是王安石变法措施之一，主要是改变旧有常平仓制度的“遇贵量减市价粜，遇贱量增市价籴”的呆板做法，灵活地将常平仓、广惠仓的储粮折算为本钱，以百分之二十的年利率贷给农民、城市手工业者，以缓解民间高利贷盘剥的现象，同时增加政府收入。

职共四年，其间的政治举措，充分体现了他的仁心善德。杨时爱护文物古迹，把修复古迹当作义不容辞的责任。在他上任的当年，他就主持修建了归鸿阁，并写下《归鸿阁记》，又建飞鷚亭。归鸿阁建在县署西北角仪门外右侧的废址上。这块荒地初看似乎是一片杂草丛生的废墟，细察却嘉木茂卉，连山穷谷，挺芳含媚，隐然四出。于是，杨时将它视为宝地，取县衙废弃的木材在此地建造一座阁楼。阁楼落成那天，他与僚属宾客同登此阁，感到微云洞开，一目千里。于是命名“归鸿阁”，主要是取“目送归鸿”之义，从而使此阁充满了浓浓的文化意味。他的《浏阳五咏》中还有一篇《归鸿阁》，就是专门咏诵此阁：

帘卷晴空独倚栏，冥鸿点点有无间。

秋风注目无人会，时与白云相对闲。

在他任浏阳知县的第二年夏末秋初，浏阳县出现了严重的旱灾，正如杨时所作的诗云：“农郊阡陌起黄尘，望断天涯绝点云。”许多农民因田地颗粒无收，纷纷外出逃荒，民不聊生。杨时立即写《上程漕书》《上提举议差役顾钱书》，向朝廷反映灾情，请求拨粮赈灾。朝廷及时以官仓3000石稻谷赈济灾民，缓解了灾民的苦难。当时官府正在推行青苗法。发青苗钱，其本意是设此法抑制兼并之家放债取利豪夺、侵渔普通百姓，同时官府也能从中收取一些利息。然而，这一年由于旱灾严重，一些灾民无法按约还清春季借贷的青苗钱利息，因此闹出了很多民事纠纷。对于这类纠纷，杨时总是耐心调解，说服借贷方延迟履约时间，让灾民渡过难关。

绍圣四年（1097年），浏阳又连降暴雨，大片农田被淹，成了对读官，科举制度中，乡、会试均采用誊录试卷送考官评阅的办法，以防作弊。为防誊写草率错误，一般选取文理明通的生员为对读生，加以校对，并以对读官进行管理。

水泽之国。杨时写了《上州牧书》禀报浏阳受灾情况，请求拨粮钱赈灾和减免灾民赋庸调。同时，他怜悯百姓之苦，缓征他们的赋税。安抚使张舜民礼遇杨时，不以下属官吏相待，而漕使胡师文与张舜民不和，对杨时与张舜民的交谊十分妒忌，总是想挤陷杨时，但苦于没有机会。这次的缓征赋税让他抓住了机会，于是他上奏朝廷，以“不催积欠”为由弹劾杨时，哲宗皇帝看了奏章后大怒，下旨革去杨时浏阳知县之职。张舜民寄信给杨时，为其鸣不平。杨时回信说：“部使者以财赋为急，县令以子民为宽。各行其职尔，无足憾者。”显示了其宽广的胸襟。

北宋时推行常平法，州县寺舍每年开支若有剩余，就把它们收归官府，以此来赈济贫穷饥饿的百姓。杨时任职浏阳的时候，刚推行常平法。杨时让行走在旅途上的患病饥民，随所在地域向县里申请资助，县里则让寺庙僧舍负责提供饮食，从而能够使进入该县县境的人，不至于流离失所。然而这件事还没来得及推行，杨时就因为得罪谗臣而被弹劾罢官，于是引以为憾。杨时仁心善德，爱护百姓，敢于为民请命，德泽深远。张舜民入谏官署主持工作，推荐杨时任荆南教授。崇宁元年（1102年）至崇宁四年杨时任荆州教授。杨时安心在州县任职，从没有想过寻求闻达显贵，而他的品德越来越好，声望越来越高，各地的士子们不远千里都来跟从他学习。

抨击时政

崇宁五年（1106年），杨时奉敕差充任对读官，后又于大观元年（1107年）转授浙江余杭知县。他为政简易不为烦苛，远近悦服。比较有影响的是，在余杭知县任内坚决抵制蔡京害民专权。蔡京当时正是炙手可热，权力很大。这一年，他以“便民”为借口，想疏浚南湖，而实际上却是为其母筑坟圈地。杨时不畏权贵，坚决抵制其暴政虐民之举。

同时，杨时还时常抨击朝政弊端，对腐败之风深恶痛绝。他批评了朝廷“花石纲”等扰民的做法。宋徽宗赵佶继位不久便显露出骄奢淫逸的本色。为了讨皇上欢心，修建龙德宫时，蔡京、童贯、朱勔、王黼等强令东南各地竭天下之力搜罗奉献奇花异石、珍宝财物。宋徽宗政和年间，“花石纲”之风达到极盛。朱勔唯恐自己落后失宠，更加疯狂掠取，仅固定用来运送花石的木船就多达2400多艘。朱勔之流还乘机敲诈勒索，大发横财。对此，百姓怨声载道。杨时对蔡京、童贯、朱勔之流的罪恶行径深恶痛绝。他在《余杭所闻》一文中愤然写道：“为政要厉威严，使事事齐整甚易，但失于不宽，便不是古人作处。……今人只要事事如意，故觉是宽政闷人。不知权柄在手，不是使性气处。何尝见百姓不畏官人？但见官人多虐百姓耳。”他还严正指出，现在天下上至朝廷大臣，下至州县官吏，没有不以虚夸骗人为能事，这已经到了无药可救的地步了。现在天下不只是下面不服从上司的命令，就连官府有关部门也不能自守成文的法令。指出了朝廷政治已陷入极其危险的境地。

宣和三年（1121年），杨时上书徽宗皇帝，针对当朝弊政，提出四点谏言：一是任臣当慎。对朝廷官员“明是非，辨邪正，有罪则去，妄言必诛，则大小之臣，有所惩戒，咸怀忠良矣”。二是对赋外征敛要革除，减轻百姓负担。“夫民者，邦本也，一失其心，则邦本摇也”。三是茶、盐二法“为害之甚”。“转般、盐法为发运司职事之根本，二者不可偏举”。四是加强对朝廷财政的管理，坚持“量入为出”的原则。但此书如石沉大海，不见回音。

萧山筑湖

朝廷原打算提拔杨时为南京宗子博士，但又碰上需要裁减员额，就让杨时改知越州萧山县（今杭州萧山区）。政和二年（1112年）四月，杨时赴萧山任县令。在任萧山知县期间，杨时体察百姓疾苦。他经理庶务，裁决如流。因百姓年年苦于旱灾，杨时于是主持开筑湘湖，以湖水灌溉萧山九乡的田地，至今当地百姓还在依靠这一水利。湘湖位于萧山县西，据地质资料，距今约4000年前，湘湖所在范围已是一个湖泊，以后逐渐湮淤成一片低洼田。距萧山县西1000多米，有高阜在西山的北面，距隔阜、菊花两山有1000米，东西夹束就像一条胡同巷子。每到春夏之交雨季来临，山洪暴发，患难成灾，因而就不能种植农作物了。而一到秋天干旱季节，则因为高阜中央地势高而缺水，外边则土地贫瘠，造成田地荒芜，长满蒿芦。由于旱涝灾害频繁，百姓深受其害，乡民曾多次要求将低田蓄水为湖，以灌农田，但终因士绅意见不能统一而作罢。

杨时任萧山县令后，就召集地方士绅讨论，认真听取乡民的意见，并亲自考察当地可依靠的山坡与可围垦的土地，率领百姓修坝筑湖。填高低洼之地，补挖狭隘之处，两相拦筑，只筑两塘在南北两边。一塘在羊骑山、历山的南面，一塘在菊花山脚下。水塘修筑完成后，成湖面积3.7万多亩，周围40余千米，可以灌溉农田14.68万余亩，即使大旱之年仍然有过半农田可以得到灌溉。而且湖中多产鱼鲜，又产莼菜，可炊煮疗饥。3.7万多亩原来农田所承担的国家税粮，即以湖田原粮一千石零七升五合，加派至由化等乡得水之田，受益农田每亩田加派七合五勺，上交国家，由此形成“均包湖米”的湘湖水利共同体制度。当时制度本极详密，后来世远籍亡，逐渐不可考，但其大概就是如此。“均包湖米”制度的施行，一是使九乡农田受到湘

浙江萧山湘湖

湖水的灌溉；二是补偿了一些低洼的民田和官田因变成湖面而造成的税粮损失，保证了国家赋税不减少，促成了两全其美局面的形成。程颐在其《论政》中提出："养其民者以爱民为本。"杨时在萧山领衔筑湖，也正是在实践老师的教诲。仁者必爱，爱则举义，这就是爱民之道。

在湘湖建好之后的很长时间里，萧山又遇到无数次旱涝灾害，但周围九个乡因有湘湖庇护而免遭损失，邻县也有众多乡村得以灌溉，民众深得其利，感恩不尽。杨时离任萧山知县后，百姓们建生祠——"杨长官祠"供奉杨时。萧山县九乡的百姓看重杨时的名声，户户厅堂还挂起了杨时画像，每逢初一、十五供奉他。

宣和四年（1122年），杨时年已七十，按规定要罢祠官。这时杨时因没有薪俸收入，生活非常贫困。恰好郭慎求在户部任主管，写信问他想任什么职务，杨时说："求一管库，因为贫困。"杨时被授予"市易务"之职，派往常州监管市场贸易的事务。杨时说："管理市场贸易的事情，我向来不认可，怎么可以赴任呢？"想要辞谢，但最终未能辞掉。

著作郎，官名。东汉末始置，属中书省，为编修国史之任。晋惠帝时起改属秘书监，称大著作郎。南朝末期为贵族子弟初任之官。至唐代，主管秘书省属下之著作局。宋代沿置，掌修纂“日历”。明代废。

谏言反腐

晚年，杨时在朝廷上建言献策，勇论朝政，力主抗金。他的入朝与北宋局势的发展有关。鼓山张觷当时被丞相蔡京聘为私塾门客，一天他让学生练习跑步，私塾的学生们说：“先生大人，您平时让我们走路时要慢步走，现在又要我们跑步，我们不会听错吧。”张觷说：“天下事都被你们爹弄得无可救药了，一旦盗贼爆发，必定先到你们家。如果你们能够跑得快些，或可免于一死。”私塾的学生们以为先生疯了，于是向蔡京报告。蔡京惊恐地说：“这不是你们这些小孩所能知道的。”蔡京出来就问计于张觷，张觷对蔡京说：“选拔任用人才是第一要义。现在天下已经出现了很多变乱，事情发展到这个地步，灾祸是很难避免的了。为今之计，应当紧急引进过去具有德行善绩、成熟稳重的人安置于左右，这样的话或许还有可能挽救。”蔡京赶紧询问：“谁比较合适？”张觷回答说：“杨时。”蔡京因而想推荐杨时。正好有傅国华出使高丽，高丽国主询问：“‘龟山先生’今安在？”傅国华回答说：“见召赴阙。”回国后，傅国华把高丽国主询问杨时情况的事向皇上禀报。就这样，杨时于宣和六年（1124年）被徽宗皇帝召为秘书郎。十二月，杨时到京师。

宣和七年（1125年）二月，杨时升迁为著作郎。他知世事有变，上书《与执政论时事札子》，谏言十件大事。他认为，如今士大夫不敢对天下大事畅所欲言，不过是为了明哲保身而已。但他们不曾想

过，天下动荡不安，岂能保全自身？他从慎令、茶法、盐法、转般、籴买、坑冶、边事、盗贼、择将、军制十个方面分析朝廷一些政策的弊端以及由此产生的负面影响，并且提出许多趋利避害的建议和措施。他认为不能只给流亡他乡之人免除赋税，还应对辛勤劳作的农民一视同仁，使他们也能得到实惠，从而信任朝廷，而不至于跟着抛弃土地，背井离乡，沦为盗贼，引起社会动荡。他主张放宽或废弃茶盐专卖二法，以保证贸易自由，减轻百姓负担。他提出爱民就要民有恒产，才可使天下百姓安居乐业。他建议朝廷恢复以前做法，拨出一笔经费作为籴本（即定购粮食储备金），年初预支给农民购买生产资料和维持平时生计，秋收后农民按额交粮，结算时从中扣除原发的预订金。这样，国家既能按时收粮入库，农民也能从中得到便利，从而乐于耕种土地，不至于逃亡。他还请求将燕州、云州的军队移守内地，以减少军粮运输的辛苦，同时招募边疆的百姓为弓弩手，让他们练习骑马射箭，以削减金军的气势。卫士是皇帝的爪牙而分为二三支不妥，应当依循旧制，不可增损。徽宗皇帝看了这个札子后，始知杨时有辅君治国之才，他说："你所说的，都是尧、舜之道啊，这不就正如孟子所说的'如非尧舜之道不敢陈于王前者也'吗？你就应该常列于朝堂辅助我治国安民啊。"杨时所论总共有十余事，都是一些治国安邦的良策。

宣和七年七月，杨时被任命为迩英殿说书。十二月，杨时听说金军骑兵已南侵，连上两封奏疏，提出"严为守备""收拾人心为先"等谏言。他说："西城聚敛，东南花石纲，为害尤其严重。西城聚敛之事刚刚被禁止，此盛举也，然而诏书的墨迹尚未干透，花石纲供奉的舟船仍然首尾相接。有关人员以应奉之名，巧取豪夺民财，数额不可胜计。天下的怨恨积累不得爆发已有二十年了。想要重得民心、社会安定，就要除去这三者。”徽宗览此奏折，心里明白，当务之急，收人心为上策，即准奏，下诏罪己，并撤销应奉局、制造局等机构。在杨时、李纲等一批忠义之臣的一再谏言下，为害二十多年的花石纲腐败之风终于被废止。

力主抗金

靖康元年（1126年）初，杨时任著作郎兼侍经筵。那时正值金兵包围汴京开封，朝廷对战与和还在争论不休。这时宋钦宗继位，杨时请求入对，杨时抗金态度是坚决的。正月二十三日，他提出立统帅、肃军政、谨斥候、明法令、责宰执不忠臣、罢奄寺防城、慎令等七事。他说：“君臣之间应是一个整体。上皇帝（指宋徽宗）痛下决心自引其咎，以至假托以厌倦于政事而自动让位，而丞相等却按照资历，照样升迁官职，心安理得地接受爵禄没有推辞，这是什么道理呢？与金国订立城下之盟，已经是很严重的屈辱了。君主受辱作为臣子应当死难，这是天经地义的，大臣应当首先承担责任。然而他们首先想到的都是如何逃窜以保全自身。致使陛下孤独无助，无所依靠。所以臣请求依照法律对这些逃遁的人处以极刑，以警告那些有不忠想法的人。童贯作为三路的总帅，金人侵略边疆，他却弃军而归，其罪当诛，然而朝廷却置之不问。见此梁方平、何灌也都相继弃城而逃，白白让出了黄河天险。以至于金人突然攻至城下，而朝廷却毫不知情。帅臣失职，没有比这更严重的了，应当以军法论处。同时，防城所仍用宦官任提举，授以兵权，这本来就有前车之鉴了，不可再重蹈覆辙

啊。”他建议罢黜投降派张邦昌，诛杀童贯。钦宗皇帝听了杨时的提议大喜，将杨时提拔为右谏议大夫兼侍讲。二月十三日，杨时再进札子，请求选拔宰相。二月初，金兵提出议和的四项苛刻条款，并暂时退出汴京城外。主和议者想割太原、中山、河间三镇以换取金军的全军退兵。这一主张遭到李纲、杨时等一批大臣的反对。十八日，杨时上殿，面奏钦宗，极论不可专主和议，急宜命将出师，拜请召用种师道、刘光世，问以方略可否。

杨时上奏疏说：“朝廷割三镇二十州之地给金国，是想资敌啊！河朔之地是朝廷重地，而三镇又是河朔的重要屏障。这些要地自从周世宗开始到太祖太宗，经过几百次战役之后才取得的，一旦抛弃它，金国就会派轻骑疾驱南侵。这不是国家长远的谋划。况且四方勤王的军队，一个月之后就可以会集一处抵御金军，金国必然会无功而返。听说三镇的百姓，都已作了以死拒守的打算。现在如果我们用军队驻扎在要地进行震慑，金军就会处于腹背受敌的境地，这样一来，应当是可以阻止金国南侵的。如果朝廷想一味和议的话，何不好好看看金与契丹的百年之好？契丹尚且不能保证金国能遵守盟约、友好相处，难道我大宋能够保证吗？邀请订立盟约这件事应当仔细处理，不要等到遭受极大损失时才后悔莫及。”钦宗听了杨时的奏疏，感觉很有道理，于是准备下诏出兵。然而大多议论的大臣在和战之间都犹豫不决。

杨时坚决反对割地求和的投降卖国政策，力主抗金，希望朝廷重用李纲等抗金重臣。面对朝堂上犹豫不决的众臣，杨时又进言说：“听说金人驻兵磁州、相州，抢劫掠夺财富之多无法计算。盟约誓书的墨迹未干，金人就已撕毁和约了。最初约定肃王赵枢作为人质到达黄河就返回，现在金人却用暴力威胁他前往金国，这是叛盟的前兆啊。我大宋即使想专一坚守和议，也是不可能的。现在三镇的百姓拼死抵抗于前，若朝廷再以重兵围其后路，这是万全之策。希望皇上能迅速做出英明的决断，不要被浮华不实的言论迷惑。”然而参与讨论的大臣意见仍是不能统一，因此最终坐失良机，太原各郡都先后告急。之后，杨时又上疏请求诛杀拥兵自重、坐视太原危急而不救的姚古。但他的这些意见都没有被皇帝采纳。

这年三月，钦宗皇帝听信李邦彦对负责京都防务的主战派李纲的诬告之词，罢去李纲的官职。这一事件激起开封府军民的愤慨。陈东等数百名太学生到宣德门前上书请愿，请求留任李纲和起用种师道，让他们率京都军民誓死抗金。汴京许多军民闻讯后也赶到宣德门外，加入请愿队伍，一时间请愿人数多达数万。朝廷内顿时紧张起来，怀疑是有人故意捣乱闹事。钦宗皇帝准备下诏抓捕带头聚众闹事的陈东等太学生，吴敏请求任用杨时来平息太学生的集结事件。杨时得以被召到朝廷谈论对策。杨时挺身而出，为陈东等辩护说：“百姓拜伏于宫阙之下，诟骂大臣，议论这些大臣别人还不知道的罪恶，这是出于一时的忠愤，并不是有作乱之心，不足深究罪责。李邦彦首先策划遁逃阴谋，企图赔款割地、以亲王为人质而主和议，最后更是罢免李纲的相职而接受盟约；而李邺奉旨出使金国时言辞失当，金国让他做什么，他就做什么，完全听从金国的主张。这两个人，是国人所共同唾弃的。现在应当布告中外，让天下的人都知道，与金人和议之事都是这两人的主意，不是先帝徽宗的本意。同时还应当收回榜示，以抚慰人心。最后，只要皇上您选择老成持重而有品行道义的人担任主帅抗击金军，那么这件事就会很快平息的。”钦宗皇帝说：“众大臣中就茅茨土阶，茨是用茅草、芦苇盖的屋顶。即茅草盖的屋顶，泥土砌的台阶。形容房屋简陋，生活俭朴。

你说的最有道理。”于是就以杨时兼任国子祭酒，负责处理这件事。杨时临危受命，平息了这场风波，避免了一场流血事件的发生。李邦彦等虽然已经被罢免，但赵野还在职。杨时又说：“赵野过去曾建议禁止士庶以‘天、王、君、圣’为名，上皇后来认为这是谄谀之论，搁置不实施。而赵野还泰然自若，不认为是羞耻。请求皇上将他罢黜。”皇上听从了杨时的意见。

批判王学

接着，杨时又上疏说：“蔡京以继承神宗皇帝时的治国之策为名，实际上是倚仗势力，挟持王安石变法名义以图自身利益，所以他推尊王安石，给王安石晋爵，配享孔子庙庭。然而之所以有今日之祸乱，实际上就是王安石的变法而导致的。王安石的学说中迷乱学者耳目、败坏了心术的内容不可胜数。比如说，过去神宗皇帝曾赞美汉文帝罢露台之费的做法，王安石却说：‘陛下如果能以尧舜之道治天下，即使竭尽天下的财富以满足自身的需求，也不是过错。’尧舜治理天下时，始终茅茨土阶，克勤克俭。所以竭尽天下之财的做法，一定不是尧舜之道。后来王黼以三公的职位兼任应奉司，号称为‘奉承皇上’，实际上也是在提倡王安石自奉之说而已。王安石解读的《凫鹭》诗的最后一章说：‘用道理守成的人，役使群众，泰然自若而不骄横；宰制万物，即使需要耗费大量的钱财也不能算奢侈，何必过分给事中，官名。秦汉为加官，晋以后为正官。明代给事中分吏、户、礼、兵、刑、工六科，辅助皇帝处理政务，并监察六部，纠弹官吏。

地克俭以爱惜为事。’按这章本意只能说能保守成业，那么神祇祖考都会安宁和快乐，没有后顾之忧。纵观古今，还从来没有人这样解释的，而唯独王安石提出这种观点。后来蔡京之流以奢侈僭越相推崇，以奢侈浪费为乐事，实际上是对王安石此说加以提倡的缘故。王氏之学的危害难道还不够严重吗？所以，臣请求纠正王安石学术的荒谬，追夺他的爵位，下诏布告中外，毁去其配享之像。”于是，朝廷贬抑王安石之学，毁去配祀孔庙之像，毁去其所著《三经》的雕版。然而士子学习王氏之学以考取科第的情况，已经延续了多年，这些读书人大多已经接受了这一学说，不再认为有什么不对，现在突然听说王氏之学是邪说，于是都相与聚会起哄，议论纷然。

于是，就有孙觌这样谈论杨时：“过去杨时与蔡京的几个儿子都有交游，现在众人议论攻击蔡京，而杨时说不要去攻击居安。”居安是蔡京长子蔡攸之字。刘元城的《道护录》记载，龟山先生有任命，不知何人推荐。有人说是蔡攸。胡安国的《与宰相书》说：“杨时先生造养深远，烛理甚明，与世无争，理解他的人很少。了解他的人，仅是了解他的文字之学而已。不了解的人，以为是蔡氏推荐。先生并没什么有求于别人的，蔡氏怎么能玷污他呢？他年纪已经80岁了，志气却还没有衰落。那些精力充沛的年轻人，大概都还比不上他。皇上刚想提倡儒学，日新圣德，礼聘这位元老，置之经席，朝夕咨询，补益必多。至于像裁决危险疑惑之事、经理政务、考察事理及占卜吉凶之类的事情，先生也能够协助相府忠心谋划。”如果说他怀有蔡氏徽猷阁为保存哲宗皇帝御书的地方，徽猷阁待制类似皇帝的顾问这类虚职。

紫金鱼袋，唐、宋官衔常有此名，紫指紫衣；金鱼袋，用以盛鲤鱼状金符。一般佩于腰右，是官职的一种象征。

汲引之恩，极力庇护他的儿子，那么就冤枉他了。幸而这话是出自于孙觌，人们也不相信。但是谏官冯澥是主张王氏之学的，于是上疏诋毁杨时。又碰上国子监学官纷争。于是，有圣旨下达罢免杨时。杨时就上奏章请求辞职。但还是被任命为给事中。杨时又接连上了四次奏章，请求辞职的意向更加坚定。朝廷最终以徽猷阁直学士之职让杨时提举西京崇福宫。杨时仍然恳求辞职，认为名不当得。于是皇帝下旨说：“杨时学问德行纯正坚贞，谏诤有声望，请求赋闲除去职务，连月恳辞，应当赞同他的志向，以劝勉廉退之风。”于是改杨时为徽猷阁待制。在将离开京师时，他仍不忘国事，再上书，请求选将练兵，为战守之备。事后，杨时回到毗陵（无锡）寓舍。

晚年居官

杨时晚年任谏省，虽仅90天，但他所论说列举的事项都切中时弊要害。就大的方面而言，就是辟王氏、排和议、论三镇不可舍弃。但因当时奸臣当道，杨时的建议未被采纳。胡安国认为如果当时朝廷能听用杨时的意见，北宋的时局应该还能救得一半。

建炎元年（1127年），高宗即位，聘请杨时担任工部侍郎。杨时上疏请除茶、盐二法，并且力陈对金国割地求和不可为。建炎二年，他与高宗论对时说道：“自古圣贤的君王，没有不以致力于圣贤之学为首要任务的。”高宗也同意这一观点，授命杨时兼任侍讲。此后，他以年老身体有病连续上奏章请求辞去官职，高宗改杨时为龙图阁直学士之职提举杭州洞霄宫，赐对衣金带、紫金鱼袋。杨时上表谢辞。又赐官绢二百锭，白银三百两，以养天年。杨时辞，唯请求皇帝开恩于八闽，山无米，地无租。高宗恩准了奏折，准予豁免租赋、力役等，以示优待。杨时自毗陵还将乐。建炎四年，杨时因年老又上奏章辞去职务，皇上恩准。转朝请大夫，赐紫金鱼袋，以龙图阁直学士名誉致仕。

杨时所处特定的社会背景，非他一人可以改变，像其他历史人物一样，也有其局限性。但他怀有“人臣之事君，苟利于国，死生以之，不应以官职之不足顾计为言也”的忠心，主张民为邦本，从时势安危出发，提出了有利于百姓和国家的措施。

龜山先生全集卷之一

上書

上淵聖皇帝

臣以凡庸之才叨被誤恩擢寘諫垣仍侍經幄絲毫未有所補而迫以桑榆晚暮衰病日侵不足以任職引年之請屢瀆天聽伏蒙陛下眷憐未忍擯棄授以宮祠之祿使畢此餘生天地之恩無以報稱念將去國恐自此遂塡溝壑無復再瞻清光犬馬之情不能自已謹竭所聞以獻伏望　陛下清閑之燕俯賜覽觀庶或補於萬分臣不勝幸甚臣聞古之欲明明德

第四章

承洛启闽　兼收并蓄

作为道南第一人的杨时，是两宋时期“洛学”和“闽学”的中间人物，在中国哲学史上占有一定的地位。特别是他从理论和实践上承上启下，兼容并蓄，对北宋理学的南传和发展起到了重大作用。

杨时作为一个承洛启闽的中间人物，对各种学派的思想都进行了兼收并蓄的吸纳与发挥，形成了他的理学思想体系。在其理学思想中，占主导地位的则是对二程理学的师承和发展。

理气论

真正把“理”作为哲学最高范畴的，开始于二程。在二程看来，万物都是一个天理，它不仅是自然界的最高原则，也是社会的最高准则，从而把封建社会的伦理纲常上升到了本体论的高度，成为其思想体系的核心。

杨时继承了二程思想体系中的这个核心，认为“理”是宇宙的最高原则。它先天地万物而存在，是产生万物的根源。所以，“盖天下只是一理”“明则有礼乐，幽则有鬼神，幽明本一理”，天地间精气的聚散变化，封建社会的伦理纲常都本于这个理。杨时阐发了程颐的心、性、天只是一理的思想，并在张载的“天地之性”和“气质之性”理论基础上，进一步深化，认为天地之性来源于“理”，所以是善的；而气质之性，可以为恶，是因为它违反了常态。人的个性各有不同，但如果论其本性则都是善的，一阴一阳可以称为善，阴阳没有不善的，而人就是因为得了阴阳之气而诞生，所以人的本性也是善的。善是人的常态，但有时也会为恶。“犹人之生也，气得其和，则为安乐人，及其有疾也，以气不和，则反常矣”。这里所说的“常”就是指人的本性。这也是孟子之所以主张性善论的原因。张载在阐述“气质之性”时，认为人之性有刚柔缓急、强弱昏明的区别，这种“性”并不是“天地之性”。天理在人身上为本性，这时本性就是天理。天命就是天性，顺着本性就是道，性、命、道三者最初并没差别，可以说是三位一体，只是因观察的角度不同而造成名称的不同，所以站在天的角度而言称“命”，站在人的角

《西铭》，原名《订顽》，为《正蒙·乾称篇》中的一部分，张载曾将其录于学堂双牖的右侧，题为《订顽》，后程颐将其改为《西铭》，才有此独立之篇名。此篇之核心思想在于以乾坤、天地和父母为一体，以乾坤确立起感通之德能，阐明此德能如何从个体之身位向家庭或家政展开，并推达到天下。

度而言称“性”，顺着本性而行称“道”。所谓顺着本性，就是要遵循天理。天理就是所谓的命。性、命、道三者都是同一个天理。

在论述天理产生万物的过程中，杨时吸收了张载“气”的思想，认为天地万物皆为一气，“气聚成物，气散则物灭”。“乾阳物，坤阴物”，乾坤也就是阴阳二气。“天地乾坤也是异名同体，其本一物。变生则名立，在天成象，在地成形，亦此物也”。所以贯通天下的都只是一气而已，人受天地之气而生，它的发展变化常常流通天地之间。人和万物都是由阴阳二气的动静屈伸而变化出来的。就此而言，杨时的观点似乎与二程不同。二程对张载的《西铭》推崇备至，但反对张载的世界观，尤其是张载“气”的学说。二程认为张载作为万物之源的“气”，只不过是物质性的“器”，还不是形而上的“理”。他们还批评张载“形聚为物，形溃反原”之说，认为“气”有生有灭，只是由“理”产生出来的一种暂时性的东西。杨时的观点则不同，他发展了张载的学说，把“气”看成是永恒的不断运动变化的东西。但是，不能据此就认为杨时是“气”一元论者。因为在他的理论中，“气”终究还是居于“理”之下的第二位的东西。他认为天地阴阳，四时变化，万事万物归根到底都是由本无定位的“太极”（“理”的同义语）所产生，两仪、四象、八卦自此而生，他认为既然有太极，便会有上下，有上下，便有左右前后，有左右前后四方，便有四维，这些都是自然之理。“气”不过是“理”产生万物的一个环节而已。

杨时还认为这个“理”贯穿于一切事物之中，“有物必有则，物即是形色，则即是天理”。但这不是说每一物各有自己的“理”，而是说每一物都由“理”产生，每一物也就体现了完全的“理”。所以说，“一以贯之，只是一个自然之理”。他认为，《西铭》只是发明一个事天的道理，所谓事天，就是遵循天理而已，不遵循天理就不是圣贤之道。所以，他要人们顺“性命之理，去尽私欲”，“人各有胜心，胜心尽去而唯天理之循”。这样封建等级秩序就能巩固，天下国家就会安定昌盛。显而易见，杨时这里所说的“理”，是一个充塞宇宙之间，本无定位，但又能化生万物的精神体，这个精神体实际上也就是封建的伦理纲常。

理一分殊

明确把“理一分殊”作为哲学范畴，始见于程颐和杨时关于《西铭》的讨论。这场讨论发生在绍圣三年（1096年），44岁的杨时对于仁学问题长期关注和反复思考后才提出了这个疑问。《西铭》把事亲事君的关系和天人之间的自然关系等同起来，认为天地君亲都是绝对不可违背的，这为封建社会的等级秩序提供了哲学的先验根据，因此很受程颐的推崇。但《西铭》中“尊高年”至“无告者”，就其形式而言，似乎有类似于墨子的“尚同”和“兼爱”说。杨时因此怀疑这段话接近墨家，“《西铭》深发圣人之微意，然言体而不及用，恐其流遂至于‘兼爱’”。为弄清《西铭》的主旨，他写信求教程颐。他在信中说：“《西铭》之书，发明圣人微意至深，然而言体而不及用，恐其流遂至于‘兼爱’，则向后世有圣贤者出，推本而论之，未免归罪于横渠也。某窃意此书，盖西人共守而谨行之者也。愿得一言，推明其用，与之并行，庶乎学者体用兼明，而不至于流荡也。”程颐纠正了杨时的看法，指出《西铭》不是墨氏的“兼爱”说，而是让人明白“理一分殊”的道理。他说：“《西铭》之为书，推理以存义，扩前圣所未发，与孟子性善养气之论同功，二者亦前圣所未发，岂墨氏之比哉？《西铭》明‘理一而分殊’，墨氏则二本而无分。老幼及人，理一也；爱无差等，本二也。分殊之蔽，私胜而失仁；无分之罪，兼爱而无义。分立而推理一，以止私胜之流，仁之方也；无别而迷兼爱，至于无父母之极，义之贼也。子比而同之，过矣。且谓‘言体而不及用’，彼则使人推而行之，本为用也，反谓不及，不亦异乎？”此后，杨时与程颐又经过了几次信件讨论。通过程颐的教诲，杨时终于明白了《西铭》的宗旨。

杨时还对“理一分殊”进行了进一步的发挥，把“理一分殊”运用到政治、伦理上，为封建社会的等级秩序提供本体论基础。他说：“天下万物，理一分殊，知其理一，所以为仁；知其分殊，所以为义，权其分之轻重，无铢分之差，则精矣。”这就是说，天下的万物都是由一理之本派生出来的，而这一理之本又规定了万物之所以是殊异的。知道万物本于一理，所以爱人，推己及人；知道万物各有殊异，社会等级有别，所以立爱必从亲始。权衡世界上万物分殊的轻重、等级的差别，而又认识到它们本之于天理，就掌握了“理一分殊”的精髓了。杨时把封建社会的等级差别看成是“理”的作用。唯有理一而分殊，圣人才能够称物平施，能够使远近亲疏各当其分。既然“理”规定了一个地位不同、等级有别的社会秩序，那么，人就须各守其分，安于所处地位。谁逾越了，那就是“冠纳之于足”“履加之于首”。由于其分不同，故爱就有差等，所以他说：“所谓分殊，犹孟子言亲亲而仁民，仁民而爱物，其分不同，故所施不能无差等。”这样，他就从“理一分殊”出发，论证了人伦以及尊卑亲疏的封建秩序的“合理性”。

格物致知

“格物致知”首见于《大学》，程颐第一次明确地从认识论的意义上对其作了解释。“无物无理，唯格物可以穷理”。程颐的“格物致知”说，就是他的认识论。

二程对“格物致知”都很注重，但是两人讲的意义有所不同。程颢认为“理在人心，反身而诚，则理自明”，较多地强调内心静养，而不太重视向外求知。程颐则认为理在事物也在人心，主张先求知事物之理，从而更进一步贯通自己内心之理，更多地强调由外知体验内知，通过“格物”以达到“致知”。杨时继承了二程的思想，并把二程思想中一些矛盾的方面加以调和，把格外物和正心诚意加以统一，提出了自己的“格物致知”说。

致知必须先格物，物格以后才能致知。他说：“为是道者，必先乎明善，然后知所以为善也，明善在致知，致知在格物。”“格物而后知至，知至斯知止矣，此其序也。”也就是说，要想实现这个圣道，就必须先明白什么是善，然后知道以什么来实现这个善。明白什么是善是为了能对善进行彻底地理解，彻底理解什么是善后，才能够真正穷究事物的道理。穷究事物的道理后，便会懂得事物将发展至某种程度，懂得事物将发展至某种程度后，认识就会达到至善的程度，这是格物致知的顺序。总之，通过格物达到致知，才是明善的唯一途径。

“致知”的目的是要“穷理”。他说：“致知就是应当极尽事物之理，事物之理没有穷究，那么天下之物便可能会发生紊乱。”

格物的方法。杨时认为，不仅要认识鸟兽草木的名称，还要深刻地推敲并努力地探求万物之理，并求之于孔孟之言，学习和效法古代圣贤，以他们的言行和品德作为自己行动的准则，这便是格物之道。

杨时在论述格物的过程中，也意识到了格外物的意义。他指出：“致知格物，盖言致知当极尽物理也。理有不尽，则天下之物皆足以乱吾之知思。”认为格物应当“极尽物理”。他又说：“凡是我们所能感受到的形态与颜色，无非是物体，然而感官各有职责。眼睛负责颜色，耳朵负责声音，口鼻负责嗅觉与味道。我们在接触外界的东西时不会发生紊乱，一定有其中的道理。当我们认识到用身体感受万物而不会出现疏漏的道理时，天下万物的道理就终将被我们看透。”杨时这种通过主体接触客体，而获得关于事物的道理或规律的认识，通过“遍格众物”的办法来达到穷理的思想，和人类认识从具体到抽象的过程是相吻合的。

在格物的途径方面，杨时还较为重视研读儒家经典。他说：“夫学道者，舍先圣之书，何求哉？”同时，他还要求多识、博学。他说：“六经之微言，天下之至赜存焉。古人多识鸟兽草木之名，岂徒识其名哉？深探而力求之，皆格物之道也。夫学者必以孔孟为师，学而不求诸孔孟之言，则末矣。《易》曰：‘君子多识前言往行，以畜其德。’孟子曰：‘博学而详说之，将以反说约也。’”由此可见，杨时在格物致知问题上，明显倾向于向外求索，而且还要求深入研究自然界的事物。

这里应该指出的是，杨时把“理”看成是创造一切、主宰一切的神物，物不过是“理”这个先验本体派生出来的东西，是“理”借以显现自己的外在形式。这样，“物”便失去了其自身存在的客观实在性。而且世间万物不计其数，根本不可能格尽天下之物。这时候如果能够通过以至诚立身行事，那么就可以使全天下的万物如同在我们自己身上一样了。自己就变成了世上万物的全息缩影，完整地体现着天理。因此，只要从自身出发，反身以求，认识了“天理”赋予我们的“理”，也就认识了天下一切事物的“理”。这样，就可以“通天下之志，类万物之情，参天地之化”了。杨时格物的目的不是明物之理，而是明心之理。“以身体之，以心验之，从容默会于幽闲静一之中，超然自得于书言象意之表”，这就是他实践格物的方法。

求仁之学

比起程门其他人来，杨时更注重“求仁之学”，并作了更加完整的阐述。仁之体是什么？《论语》中孔子论“仁”虽有26处，但杨时认为它们都是为仁之方，并非仁之体。如果说要道得亲切，那就是孟子把“仁”说成人心，因为孟子窥见了“仁”的“德性”之体。然而就本体兼举而言，还是张载的《西铭》之说更好。杨时将其主旨“万物与我为一”训为“仁之体”。人与自然是感通的，从自身而非外界体认“仁之体”的方法，最终达到的就是“万物与我为一”的境界。杨时认为“称物施爱”是仁之事。因为只有推己及人，亲疏差等才能各当其分。只讲博爱，就容易模糊亲疏远近、尊卑不同的差别，形成墨子兼爱的流弊，义就没有了着落；相反，只讲爱要有差等的义，片面强调分殊，就会导致以个人利益为中心的自私自利的倾向，那么仁德也就无法实现。

他还结合《中庸》的思想，在《杨仲远字序》中认为，忠恕是仁的方法；宽裕温柔是仁的本质；齐庄中正是仁的操守；发强刚毅是仁的应用。尽己为忠，忠是诚实不欺之名；推己为恕，恕是施仁的方法。如果能够始终宽裕温柔，就足以容纳天下的人和事，所以说是仁的本质。而庄重中正，足以得到民众的敬重。志于仁就要正心。人心往往为人欲所蔽，心如果为私欲所蔽就不能正，失去本心就不能尽心知性，自然无法成就其德性，所以要正心。志于仁者还要遵礼而行。礼首要之义是无不敬，就是要保持行笃敬、居处恭、执事敬，追求无过无不及。只要“德性”存养有意于治其心之偏、正其心，尽管见效浅深不一，但一定有成效，只不过不如圣人的成效好罢了，所以任何人正心都是可为的。因此有志于求仁的人都把庄重中正作为仁的操守。行仁需要刚强坚毅、发愤图强，否则没有足够的依仗，因为识仁之难、仁道至大、仁至难言、仁道难行。即便如此，杨时还是把“求仁”作为学者之首务。

元祐三年（1088年），杨时北上汴京赴调，被授虔州司法。七月，自汴京返乡，应乡贤黄说之请，作《求仁斋记》，认为“古之学者，求仁而已”。他将友人黄君之学舍命名为“求仁斋”，也反映了他对“求仁”的追求。杨时强调依“求仁之方”以“求仁之体”，强调“求仁”要贯穿于为学始终，提升了“求仁”功夫的重要性。他认为只要不迷失方向，不损害仁道，谨慎地坚守，努力地执行，那么离仁道就会很接近。他认为由仁义而达到的就是道，以仁义来充实自己就叫德。道德也就是仁义的异名。仁学问题的思考是早期理学思想发展的主要动力，杨时提出的“求仁之方”的功夫论思想，背后蕴含着“仁之体用”的理论问题。在杨时的影响下，“求仁”成为南宋早期道学的中心话语，朱熹的老师一辈和朱熹早年无不受此影响。

静中体验未发

杨时注重《中庸》的“未发已发”说，“喜怒哀乐之未发谓之中，发而皆中节谓之和”。他关注“中”的内涵的义理解读。他论“中”既涉体又及用。“中”之体为道之至极，为理，此一超越存在落实于人道层面，则内在于人为喜怒哀乐未发之中的道心。他说：“道心之微，非精一，其孰能执之？唯道心之微而验之于喜怒哀乐未发之际，则其义自见，非言语所及也。尧咨舜，舜命禹，三圣相受，

“延平四贤”浮雕

唯中而已。”“道心”即是与理为一的本心；“精一”即专一，强调人精神集中而不外弛的心理状态。“至道”即中，即道心，它精微幽深，超越任何语言和物象，非知性的语言和对客观物象的察究所能真正把握。

受程颢“动亦定，静亦定”及程颐“中字最难识，须是默识心通”说的影响，杨时主张对未发之“中”，需要在喜怒哀乐等情感未萌动之际，在“燕闲静一”，也就是平静、专一、无纷扰的心理状态下，以身体之，以心验之，用身心直觉去体验道心之不偏不倚，体证心与理为一的道德境界。杨时主张“敬义”与静中体验之意相同。二程也主张静坐，但虚静只是“敬”的一种修养方法，“敬则自虚静，不可把虚静唤作敬”。“敬”贯穿动静。未发是静，所以未发时的“敬”属于静中主敬的功夫，它不是没有任何意识，而是“静中须有物”。二程的主敬涵养并不限于静的状态。杨时却将主敬功夫专注于静中体验未发，他强调“体验未发”和“静一之中默而识之”的修养功夫，成为弟子及再传弟子间的相传要旨。其弟子罗从彦主张“静处观心”，并至罗浮山中静坐，操存涵养寂静之心源；再传弟子李侗“默坐澄心，体认天理”。杨时“静中体验未发”的理论，由弟子、再传弟子递相传承，形成道南一脉在功夫实践论上直觉内求路向的理学特质，也成为程门后学中最具特色的修养功夫之一。

圣人观

杨时主张以圣人为师，就像学射箭有了箭靶，人有目标才会有努力的方向，至于能否达到目标则在于个人的努力。圣贤是儒家理想人格的典范，是先知先觉者，是天道在人间的代表。以圣贤为师就容易接近天道。学习圣人，就必须懂得圣人之道在何处。杨时认为六经是圣人的微言大义。虽然一般的士人离圣人的境界很遥远，但是只要以六经作为学习圣人的门路，遵循天理、重视礼节、端正学术、以正人心，还是能够成为君子的。他认为从人生的境界来说求道是上等的，中等的是遵守礼节，最下等的是求名。在这三个层次中，天下芸芸众生，都在追名逐利，这是君子所羞耻的。因为求名的人一定会用智谋，一用智谋就难免掺杂私心。私意万人万样，就不可能统一。相反，如果都能重视礼节，君民上下都能以礼相待，使私意去尽，那么顺应世运，遵循天理才能成为可能，正如老子所说的处事公正才能天下归顺。也只有这样才能营造出儒家温良敦厚的社会氛围，这也是杨时期待通过教化而达到的理想社会。

要治好天下，就要先端正人心；而要端正人心，则必须要先端正学术。杨时指出缀文觅官对人心的危害，反对仅凭分数来选官，他说：“学校以分数多少，评定士人文章，使士人心中整天只在利害上，这样做人，没有什么用。”学圣人不仅要学习圣人言论，更要深入了解圣人的用心所在，常操心，常正心。圣人本心至善，从容自足，不必操心而本心常存。学习圣人就是要达到圣心本心的澄明之境。圣人与凡人在求道、行道的路径上是一致的，即于日常生活中去求道和行道。圣人只不过是达到人伦的极致，于人伦无处不合、无时不合，他们的日常生活与普通人并无不同，孝悌仁义的尧舜之道就存在于衣食、作息、视听、举履、耕作等百姓日常生活中。这种道理存于世俗之间，并没有超越世间生活，平常百姓便能够了解、探求；同时，常人虽然身处日用尧舜之道中却不能觉察它，因而也就不知道去探求它，如此一来，就更不用说透彻地掌握它了。唯圣人能知而能尽，这就是凡人与圣人的区别。

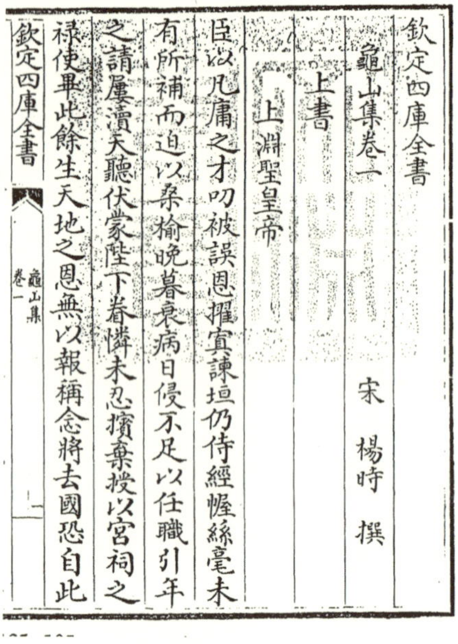
欽定四庫全書
龜山集卷一　宋　楊時　撰
上書
上淵聖皇帝
臣以凡庸之才叨被誤恩擢寘諫垣仍侍經幄絲毫未有所補而迫以桑榆晚暮衰病日侵不足以任職引年之請屢瀆天聽伏蒙陛下眷憐未忍擯棄授以宮祠之禄使畢此餘生天地之恩無以報稱念將去國恐自此
欽定四庫全書　龜山集　卷一

《龟山集》四库全书本

杨时也很注重对“四书”的研究与阐释，在《龟山集》中有《论语义序》《孟子义序》《中庸义序》等文。他探究《孟子》性善之说，阐明《中庸》《大学》的宗旨，以“静中体认大本未发气象”作为自己的传道之旨，这对朱熹撰写《四书章句集注》等著述产生了深刻的影响。据统计，朱熹在《四书章句集注》中引用了32位学者731条语录，其中二程有225条，尹焞有90条，第三位即是杨时共73条。杨时认为，《孟子》一书，只是要正人心，教人存心养性，收敛其放散的内心。至于议论仁、义、礼、智，则以恻隐、羞恶、辞让、是非之心为其开端。论事君，则说格君心之非，君心一正而国定。《大学》主张的修身、齐家、治国、平天下，其根本只是正心诚意而已。心得其正，然后知性之善。值得注意的是杨时这番评论孟子之说被朱熹引用在《孟子集注》卷首，对《孟子集注》一书的主旨作了提纲挈领的概括。

杨时的思想虽然杂合二程，但根本上更为贴近程颢。正因以杨时为主导的程门弟子的大力阐发和传扬，在两宋之际诸儒鸣道的背景下，杨时从理论上批判了王安石新学，提升了洛学的社会地位和学术影响。二程洛学话语逐渐成为儒学的主体话语。此后，杨时三传弟子朱熹在程门弟子阐发二程学说的基础上，对二程学说及其后学在更大视野和理论背景下作了全面、综合的检讨，从而集其大成。杨时的理学为朱熹的代表作《四书章句集注》的成书提供了思想资料，为朱熹集大成的闽学思想体系的形成和成熟准备了条件。在这个意义上，杨时在儒学史上的功绩是不可忽视的。

山水诗文

杨时还留下了许多优美的山水诗文，其诗文风正、心无邪，充满温柔敦厚之气。杨时热爱家乡，在家居制和安度晚年时，悠游林泉，游遍了将乐的山山水水。他的诗文涉及含云寺、虎头岩、求仁斋、杨道真君洞、白云庵、资圣院、玉华洞、乌石山、乐全亭、龙栖山、证觉寺等等。《乐全亭记》是杨时为妻子的族人将乐余君所建之亭写的一篇记文，文中比较典型地反映了杨时慕君子之乐的思想。杨时游览此亭后抒发感慨：

> 使其登是堂也，采撷六艺之英，茹道德之实，知慕夫君子之乐。而出游是亭也，能不为玩物丧志，则内外之乐全矣。故以“乐全”名其亭。

杨时追慕君子之乐，强调道德修养和圣贤品格的人生目标，重视志同道合的伙伴，强调通过求知审美怡养性情，这是典型的儒家伦理

审美范式。

绍兴四年（1134年），杨时与将乐蛟湖人、福建提刑梁兼济游玉华洞，写了《游玉华洞》：

苍藤秀木绕空庭，叠石层峦拥画屏。
混沌凿开幽窍远，巨灵分破两峰青。
云藏野色春长在，风入衣襟酒易醒。
采玉遗踪无处问，拟投簪绂学仙经。

将乐县玉华洞龟山摩崖石刻

该诗描写了将乐天阶山和玉华洞的优美景致，寄托了作者弃官归隐的心情。此诗摩崖石刻至今尚在，是杨时存世的少数手迹之一。

在玉华洞外，有揖仙亭。杨时的《与将乐令会饮揖仙亭》即是与将乐县令方异流连于此地所写：

滩流斗落惟璠玙，雕栏照水光如濡。
层峦叠巘争蟠纡，翠岩百尺蹲于菟。
何年巨人出归墟，揭竿合负神鳌趋。
飘流人间峙蓬壶，至今犹为仙圣居。
飞軿往来谁与俱，下有驯雉随双凫。
英风爽气凌清虚，楣间新诗露珊瑚。
顾余老懒与世疏，欲往勾漏嗟无徒。
会须策辔追云车，无使吃口嗤癯儒。

全诗描写形象生动，言语深奥典雅，想象丰富，气势磅礴。杨时还应将乐县令之请，题写了“玉华洞”额名，至今清晰可见。

熙宁十年（1077年），杨时游将乐县东南的虎头岩并作记；元祐七年（1092年）四月，他解官居制期间，与堂兄弟游家乡杨道真君洞，并作记。杨时的一些游记将人文景物的兴废沿革、自然名胜的佳美神奇娓娓道来，犹如一篇篇优美的导游词。《杨道真君洞记》这篇游记则详细介绍杨时游杨道真君洞的动机、该洞的位置、历史由来、他的游程以及游感等。他为天地之美未曾开发、未曾被缙绅游士所知而感慨，这不禁引起读者对该洞的好奇，这对崇尚旅游的人也是很有启发的。

除了在家乡外，杨时的游踪遍及游宦所历的风景名胜。

元符元年（1098年）八月，杨时游武夷山，他在《游武夷》诗中吟道：

函关崎嵚走秦鹿，天下并逐争群雄。
抉云翻空鳌足折，黔黎窜伏如寒蛩。
武夷山深水清泚，避世犹有高人踪。
龙泓东注海波涌，玉女翠拥秋云松。
赤霄真骨写虚壁，通泉凡笔惭非工。
藏舟浮梁跨绝壑，隐见似与天潢通。
当时鸡犬不复见，窠岩依旧烟霞笼。
我来秋杪月既望，尚有幽菊埋榛丛。
天容洗净雨新霁，云幕四卷清无风。
掀篷进棹穷异境，注目想见流残红。
回船杖屦蹑幽径，松竹窈窕环琳宫。
翠琬温辞耀华衮，金榜大字缠交龙。
自怜病骨挂尘网，幔亭高会何由逢。
解衣归卧玉琐碎，仰看明月穿疏篷。

诗中，杨时将玉女峰比作翠拥秋云松柏、亭亭玉立的仙女。此诗是今见最早咏唱武夷山玉女峰并将其拟人化的作品。

崇宁元年（1102年）秋冬，杨时赴任荆州教授途中，乘船行鄱阳湖和长江，至土坊写了《泛江至土坊》一诗：

> 万顷江湖远，孤乘一叶船。
> 雁飞云外字，篷掩水中天。
> 波静橹声息，风微帆影偏。
> 回环聊注目，浩荡接青烟。

写出了鄱阳湖和长江的阔大气势，以及那种辽阔江天给人的生生不息之感。

江西庐山有卧龙庵，朱熹的《卧龙庵记》中说：

> 卧龙庵在庐山之阳五乳峰下，予自少读龟山先生杨公诗，其记见卧龙刘君隐居辟谷，木食涧饮，盖已度百岁而神清眼碧。客至辄先知之，则固已恬有是庵矣。

这说明朱熹对卧龙庵的了解首先是从杨时的旅游诗开始的。

杨时悠游林泉，游踪广阔，是繁忙的政务之余的调适，既积累了丰富的人生阅历，又涵养了情操；他在故乡展开的近游又处处流露出对家乡的挚爱之情。杨时是宋代理学的领军人物，道德文章，名重天下，诗意人生，是士大夫的楷模。他的一举一动，在当时以及后来社会的各个阶层中，特别是在文人士大夫中很有影响。

杨时直到晚年在故里仍笔耕不辍、著书立说，著述有《龟山集》《礼记解义》《列子解》《庄子解》《开成纪事》《二程粹言》《诗经辨疑》《中庸解》《论语解》《易解》《礼记解》《周礼解》《书解》《经筵讲义》《春秋义》《孟子义》《校正伊川易》《三经义辨》《字说论》《日录论》《奏议》《诗》《杂文》等，煌煌大观。此外，政和四年（1114年）六月，杨时请祠官，退居余杭，因得温寻旧学，深感斯文之将坠，于是追述先生之遗训，著为《中庸义》。其他著作，因受时局动乱的影响，没有能够全部出版。如据《杨龟山先生年谱》记载：“（宋）元符元年（1098年），先生四十六岁，归自浏阳。七月，著《周易解义》。”可惜此书已佚。杨时的著作现仅存明版《龟山集》四十二卷。依据这一底本，林海权教授点校了《杨时集》，由福建人民出版社于1993年出版，是现存杨时著述的综合。

東林舊跡

第五章

倡道东南 开启东林

当二程学说遭禁锢后，杨时不惧时危，挺身而出，坚持以维系洛学正统为己任，把理学带到闽、浙、赣等地。他为使老师遗著得以传世，不辞艰辛，整理刊印老师著作，使二程学说得以流传。他重视教育、兴建书院，从教 20 余年，培育弟子千余名，成果丰硕。他的学说对近古东亚朱子学产生了深刻的影响。

杨时求师程颢期间南归时，程颢以充满期望的一语“吾道南矣”相送。二程学说遭禁锢后，杨时不惧时危，挺身而出，坚持以维系洛学正统为己任，把理学带到闽、浙、赣等地，“倡道东南”，东南学者都推举杨时为“程氏正宗”。从21岁开始讲学，直到83岁去世，杨时一生中除在京城及地方任官外，其他大部分时间都是在讲学著述中度过的。

龟山陵园倡道东南亭

整理遗著

杨时在推广师说方面有功于二程。自从二程阐明孔孟之学，向他们学习的人一天比一天多。程颐语录，流传渐广，然而传习久了，其间记录往往失其要旨，泛滥于支离破碎。杨时搜集整理二程平时讲学答问，回顾老师的话语，删去重复与可疑的部分，仔细核查校对，还原失真之处，稍加润色，共成一书，编成《二程粹言》，以传后学。他在《与游定夫》的书信中也请游酢广为寻访二程遗著，届时互相校对。

杨时在整理《伊川易传》上也有功于洛学。杨时比较重视易学，所以其易学有一定特色和价值。他注重从义理释《易》，推崇先天学，融义理、象数为一体。为了使老师的遗著能够传世，杨时主动挑起了整理老师遗著的重担。《伊川易传》是程颐元符年间流放涪陵时所作，刚刚拟好草稿，还没有来得及成书，先生就生病了，临终前，以其书授门人张绎。不久，张绎也病卒，所以他的书稿分散丢失，学者所传的都不是完善的稿本。政和初年，杨时的朋友谢良佐在京师获得程颐的这份遗稿，便寄给了杨时，但这件书稿错乱重复，几乎不能阅读。等到杨时东归，在毗陵等待候补时，他才开始校定此稿，删除重复的部分。次年，校完书稿，并撰《校正伊川易传跋》。后来，他写给游酢的信中说："《易传》后序，显道为之。某跋尾，已削去不用。前年在京师，与显道议云'先生亦尝有意令门人成之，故其序述如此。盖旧本西人（本书注：指中国西北人）传之已多，唯东南未有此书。欲以传东南学者，不叙其所以，恐异时见其文有异同，不足传信也'。"从此段文可知，杨时整理师说的目的，就是要倡道东南。今天我们能看到二程的思想还有赖于杨时当时的整理。通过整理老师遗作，杨时可以说全面继承了程颐的易学思想。在此基础上，杨时更是形成了有自己特色的易学思想。后来朱熹著《周易本义》一书，吸收了《伊川易传》的思想，并进一步发挥了程颐的观点。

建炎四年（1130年），杨时晚年居乡，遭兵火之灾，他所收藏的部分书籍包括《伊川语录》皆散失，仅其弟子罗从彦尚有此书稿。绍兴四年（1134年），胡安国来信借阅杨时书稿，杨时回信说："伊川先生语录在念，未尝忘也。但以兵火散失，收拾未聚。旧日唯仲素编集备甚，今仲素已死于道途，行李亦遭贼火。已托人于其家寻访，若得五六，亦便下手矣。"后来，胡安国将《伊川语录》手抄旧本寄给杨时，杨时回信说："语录常在念，先生之门人，余无人，某当任其责也。蒙寄示二册，尤荷留念。然兹事体大，虽寡陋，不敢不勉。"无锡的喻雩也寄来其收藏的《伊川语录》旧本。杨时对诸友寄来的稿本一一进行考证，重新分类编录，删减润色。经过一个多月的辛勤笔耕，终于脱稿成书，书名为《河南程氏粹言》。这年，杨时82岁。他在病逝的前一年还在整理师说，实在是难能可贵。

杨时经过多年努力，先后整理出《伊川易传》《明道先生文集》《伊川先生文集》《二程经说》《河南程氏粹言》等书稿，使二程洛学得以传世。

讲学传道

杨时倡道东南，主要是通过讲学来实现。他在家乡将乐含云山的讲学有两次。第一次在熙宁六年至七年（1073—1074）间，杨时在含云山含云寺左山坡建读书楼，著书讲学，在这里他著的《礼记解义》就是当时讲学的讲义内容之一。

第二次是北宋元符三年（1100年），杨时通过师从二程，加上自己的刻苦悟道，对理学研究已有相当的造诣，讲学已成为他南传二程理学的重要途径。不仅如此，他按照老师程颢、程颐的要求，把《大学》作为初学者的必读课目。他采用的教学方法是“以身体之，以心验之，从容默会于幽闲静一之中，超然自得于书言象意之表”。他强调身体力行，用心体验。他认为学道讲道重在悟道，读书教学的过程就是心性修养的过程。杨时在将乐含云山读书楼讲学期间，作《此日不再得示同学》（也称《勉学歌示诸生》），以勉励学生勤奋读书。

此日不再得，颓波注扶桑。跹跹黄小群，毛发忽已苍。
愿言绩学子，共惜此日光。术业贵及时，勉之在青阳。
行己慎所之，戒哉畏迷方。舜跖善利间，所差亦毫芒。
富贵如浮云，苟得非所臧。贫贱岂吾羞，逐物乃自戕。
胼胝奏艰食，一瓢甘糟糠。所逢义适然，未殊行与藏。
斯人已云没，简编有遗芳。希颜亦颜徒，要在用心刚。
譬犹适千里，驾言勿徊徨。驱马日云远，谁谓阻且长。

末流学多岐，倚门诵韩庄。出入方雨间，雕镌事辞章。
学成欲何用，奔趋利名场。挟策博塞游，异趣均亡羊。
我懒心意衰，抚事多遗忘。念子方妙龄，壮图宜自强。
至宝在高深，不惮勤梯航。茫茫定何求，所得安能常。
万物备吾身，求得舍即亡。鸡犬犹知寻，自弃良可伤。
欲为君子儒，勿谓予言狂。

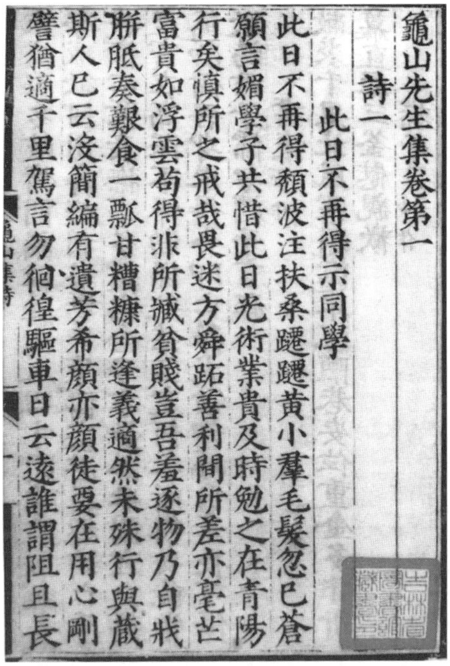
龜山先生集卷第一
詩一
此日不再得示同學
此日不再得頹波注扶桑躚躚黃小羣毛髮忽已蒼
願言媚學子共惜此日光術業貴及時勉之在青陽
行矣慎所之戒哉畏迷方舜跖善利間所差亦毫芒
富貴如浮雲苟得非所臧貧賤豈吾羞逐物乃自戕
胼胝奏艱食一瓢甘糟糠所逢義適然未殊行與藏
斯人已云沒簡編有遺芳希顏亦顏徒要在用心剛
譬猶適千里駕言勿徊徨驅車日云遠誰謂阻且長

明正德十二年沈晖刻本《龟山先生集》

杨时告诫各位学生要做君子儒，立志惜时勤学，注重义利之辨。强调贫贱不是自己的羞耻，重要的是不要误入歧途，不要为追逐名利而学，要把握成为君子的正确方向，不要自暴自弃。那么，君子是什么样的人呢？杨时认为，君子是才德出众之人，德是体，才是用。君子也具备圣人的体用，只是德体不如圣人的广大，而其才用不如圣人之妙罢了。杨时把儒家的忠、孝、仁、义作为行事为人的准则。

自崇宁、大观以后，杨时名望日盛，四方之士不远千里从之游，陈瓘、邹浩都以老师之礼侍奉他，胡安国也在传播他的学说。罗从彦多次从沙县来余杭、萧山、毗陵等地向杨时求学。元符三年（1100年），罗从彦师从杨时。初学三日，罗从彦就惊汗浃背，说：“不至是，几虚过一生矣。”后经杨时推荐，从彦赴洛阳从学程颐一段时间后，又回到杨时身边求学。杨时非常喜欢这个弟子，曾说：“唯从彦可与言道。”从彦“尽心力以事龟山，抠衣侍席二十余载。尽得不传之秘”。有关杨时与其弟子们的答问都记录在《荆州所闻》《余杭所闻》

《南都所闻》《毗陵所闻》《萧山所闻》中。杨时曾对弟子罗从彦说："现在的学生，不知道治学的方法，又不知道学成后要来用作什么。这事关大体，必须要努力思考。学习的人主要是学习圣贤们所作所为。想学习圣贤的所作所为，就必须先听听圣贤们所获得的道统精华。古代学习的人，40岁才走上仕途。没有当官以前20多年，必须尽力于学问，没做其他事情，所以一旦当官便能够成为可用之才。现在的士人，十四五岁以上便学会了通过写文章来谋得一官半职，何曾有意于成就自己的德行？如果一个不学习的人一旦被授予官职，让他事奉君主、管理百姓、处理政事，其做事的效果肯定不如古人。所以现在走上仕途的人，大多平庸得不足称道的原因就在这里。"

东林书院

杨时一生的教育事业，最重要的还是创办了无锡的东林书院。这座书院创建于政和四年（1114年）十一月，杨时由浙江余杭移居毗陵（常州府）无锡金匮城东，开始在东门内七箭河畔创办书院讲学，传播洛学。这里南临清河，周围古树丛立，幽雅清新，适合作为建舍之地。从政和元年（1111年）初寓居常州，至建炎三年（1129年）离开常州无锡，杨时在常州无锡讲学累计达18年左右。

东林书院是宋明时期我国江南地区的理学传播中心，更因明末东林党事件闻名遐迩。杨时之所以选择到常州无锡讲学，基于多种原因。北宋时期，常州无锡一带，舟车咸通，水陆称便，物饶民丰，山水秀丽，人文兴盛，理学人才济济，学术思想活跃，有不少读书人钦慕二程之学投师求教。这里有洛学的广阔需求，又有众多志同道合的门生讲友。杨时与当时常州的邹浩（1060—1111年，号道乡）及长期生活在无锡的宋代著名宰相李纲关系非常友好。杨时任萧山令，就已经与毗陵（常州）邹浩交游。邹浩去世后，杨时又与无锡（梁溪）李纲交游。其间，杨时往来毗陵（常州）、无锡（梁溪），栖止东林，阐扬伊洛之学。

东林寺在江西庐山南麓山脚下，位于原西林寺以东，故称东林寺。该寺创建于东晋太元九年（384年），是著名的禅林胜地，是佛教净土宗的发源地，也是江南地区重要的佛教文化活动中心之一。当年净远和尚在此开山创寺，并在山上阐法30年，盛极一时。

后来，人们将杨时无锡讲学之地命名为“东林书院”，这与他曾游览庐山名胜东林寺有关。他在游览东林寺后曾撰有《东林道上闲步》三首诗，其中第一首诗道：

寂寞莲塘七百秋，溪云庭月两悠悠。

我来欲问林间道，万叠松声自唱酬。

因此，后人以其诗意，将无锡讲学之地命名为“东林书院”。这就是东林书院名称来历的一种说法。明代东林书院修复后，每年凡逢讲会举行歌仪时，即以《东林道上闲步》诗中的第一首内容作为众人齐声唱咏的歌词，此诗歌实际上也就成了明代东林书院的院歌。杨时

无锡东林书院后学津梁坊

无锡东林书院道南祠

先后在毗陵和东林书院讲学近18年，他交往的人都是天下的名士，他传道授业树人，门人达千余人，他们中，既有初学理学者，又有已从学其他道学和在太学读过书以及曾任官职者，其中名闻天下的学者不下20人。因此，杨时也可以说是历史上屈指可数的大教育家。后人把他讲学之所也称为“龟山书院”，其抨击朝政、力图扭转颓败世风的激越言论，开后来东林学派抨击时弊、参政议政之先声，为“一堂师友，冷风热血，洗涤乾坤”的东林群贤树立了可歌可泣的爱国主义榜样。“风声雨声读书声声声入耳，家事国事天下事事事关心”，明末东林党领袖顾宪成这对名联大家耳熟能详，也可以看作是杨时一生的写照。

杨时创办的东林书院于1956年10月由江苏省人民委员会公布为省级文物保护单位，2002年全面修复，有石牌坊、泮池、东林精舍、丽泽堂、依庸堂、燕居庙、道南祠等建筑。2006年6月入选第六批全国重点文物保护单位。

程氏正宗

二程升堂睹奥，号称高弟者以游酢、杨时、尹焞、谢良佐、吕大临最为著名。而传承洛学的程门高弟，唯有杨时之门最盛，杨时之学最纯，杨时之道最笃，传道时间最长，传道范围最广。杨时一生精研理学，以倡明圣人之学为己任，在东南游历讲学前后长达半个世纪。他不负师训，倡道东南，独自担负起传道重任。所以说杨时是道启东南、学宗伊洛的北宋理学南传的关键性人物，被称为“程氏正宗”。受业于杨时的门人多达千余人，遍及江苏、浙江、福建、江西、安徽、湖南、湖北等地区。杨时上承二程洛学，又吸收当时其他理学学者的学说，把道统传给罗从彦，罗从彦又传给李侗，李侗再传至朱熹。朱熹创立闽学，使此道发扬光大。程颢“道南”目送之语，不可说不是前“谶”。

可以说，如果没有杨时载道南归，随着二程去世，北宋灭亡，中原沦陷，刚刚复兴和发展起来的儒家道统将被中断。就在这存亡绝续的时刻，杨时等人把它移植到南方，并且培养出了众多弟子，道南理学也在福建播下了种子，这就使儒家道统有了继续发展的机会。南宋绍兴初年崇尚元祐时期的学术，而朱熹、张栻的学问之所以能够得到程氏的正统之传，都是因为有杨时的大力倡导与传播。从推广师说、传承业绩与贡献方面衡量，杨时开启了闽中理学道脉，他是“程氏正宗”，又是“道南第一人”，是由“洛学”逐步向“闽学”过渡，最终形成闽学思想体系的中间环节和渊源所在，是宋明理学发展史上继往开来的一代理学宗师。

名扬海外

杨时的理学思想还流传到韩国、日本，对近古东亚朱子学产生了深刻的影响。如韩国著名的性理学家李退溪在《经筵讲义》中对杨时和程子之间关于“理一分殊”的通信进行了深入的分析。在《西铭考证讲义》中，他指出：

杨龟山上伊川第一书，疑《西铭》言体而不及用，恐流弊遂至于兼爱。伊川答书，深言其理一分殊，仁义兼尽，非墨氏之比以晓之。龟山稍悟前非。于第二书引此语以明《西铭》推理存义之意。意虽不失，语有未尽。故朱子特举其说而解说之如此，以发明龟山未尽之意，则伊川指示龟山之微指始无余蕴矣。

退溪认为杨时与程子之间的对话进一步论证清楚了“理一分殊”“仁义兼尽”的道理。李退溪又说：

龟山杨氏曰，《西铭》理一分殊，知其理一，所以为仁，知其分殊，所以为义。所谓分殊，犹孟子言，亲亲而仁民，仁民而爱物。其分不同，故所施不能无差等耳。

对杨时心性修养的方法，李退溪在其著作中阐述说：“要之，明道（指程颢）言静，即敬字之意。伊川（程颐）恐学者未悟，故加别白焉。其后如龟山、如豫章（指罗从彦）、如延平（指李侗）一派，皆于静观喜怒哀乐未发气象，而上蔡

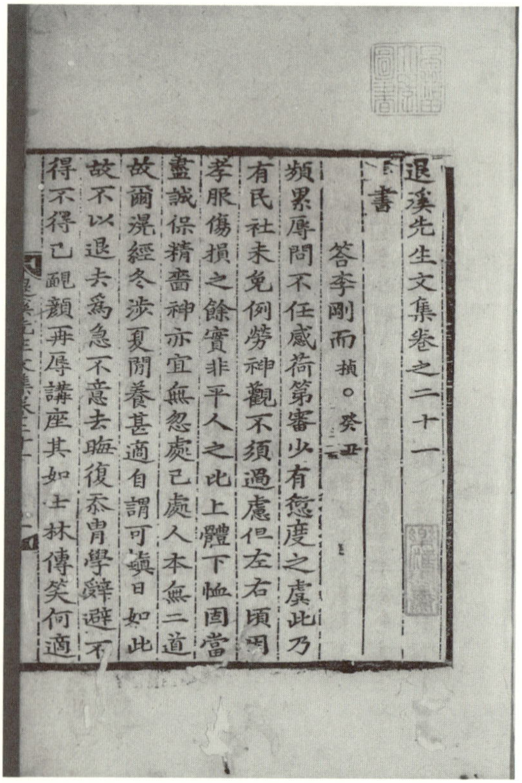

退溪先生文集卷之二十一
書
答李剛而 楨○癸丑
頻累辱問不任感荷第審少有愆度之虞此乃
有民社未免例勞神觀不須過慮但左右頃因
孝服傷損之餘實非平人之比上體下恤固當
盡誠保精嗇神亦宜無忽處己處人本無二道
故爾滉經冬涉夏閒養甚適自謂可藉日如此
故不以退去爲急不意去臘復忝胄學辭避不
得不得已靦顏再辱講座其如士林傳笑何適

《退溪先生文集》

（指谢良佐）谓‘多着静不妨’，此非伊川之教乎？”但是他又认为杨时过于强调静坐、冥想，他说：“常闻昔贤有议论过高者，亦未免此等病痛。如杨龟山极言道之高妙，而谓仁义不足以道尽，此即庄、列小仁义而以道为窃冥昏默之说也。”

杨时主张诚意致知的读书方法受到另一韩国著名的性理学家李栗谷的推崇。在他看来，这种读书方法有利于实现诚意致知。李栗谷对杨时的为政以德的廉洁主张亦深表赞赏。他在《圣学辑要》中说：

> 臣按，正家之法，已备于前，而节俭最为人君之美德，故表而出之。杨氏曰，薄于自奉，而所勤者民之事，所致饰者，宗庙朝廷之礼。所谓有天下而不与也。夫何间然之有。

楊時紀念館
福建省将乐
杨时研究会
将乐县
展览馆

第六章

修身齐家 书香传世

杨时的家庭教育非常成功，四世同堂，五子登科，父子六进士，被称为“杨氏丹桂六枝芳”。

重视家教

传统儒学是一种塑造做人之学，即如何成为有德性的人。杨时有一句名言：“一德立而百善从之。”美德培养起来了，各种善行将会伴随产生，人有公德、师有师德、医有医德、商有商德、官有官德、家庭有家庭的伦理道德。同理，作为一家之长，也要有德，他的道德素质、言行举止，直接影响着子女，影响着家族的兴衰。

杨时作为一家之长，重视个人修养，时时以身作则。他主张革去好胜心理，遵循天理，求之于自身内心的真诚，并通过心身状态精纯统一的“精一之功”来体验道心，遵循天理之善来涵养平和之气，通过“居敬”的工夫，在坚守道统的同时不断探索、求疑，最终实现个人道德修养的提高和儒家文化的传承。杨时很像程颢先生，天赋平和旷达，宽大能容物，性格不掺杂其他复杂的情感，终生没有言语神色粗暴急躁的状况。再加以他能够补益学问，供养符合天道，道德修养高尚，才识度量渊博。累积于心中的理学纯粹而博大精深，表露于外的个性简易而平淡。他闲居时和睦安乐，和颜悦色的态度让人觉得平易近人，碰到事情需要裁决处理时，总是能够不动声气地处理好。他的性情、言行合乎常理，不会用超出世俗的行为来求得名声，始终能够保持从容中道。在与人交往时，他也始终如一，不会以好恶而区别对待。即使群居一整天，他也可以默然不语、身心俱遣、物我两忘。他待人接物非常和气，从来不会显露出鄙薄的态度。他推崇遵循孟子性善的学说，发挥《中庸》《大学》的思想。如果有人想学习性善学说，他会毫无保留地为其指导讲解。当时公卿大夫中贤能的人，没有不尊重、信任他的。

杨时重视德育中的孝行。基于家庭特殊的亲子关系，孝悌被认为是古代社会做人的前提，是子女最应具备的根本性道德，自然成为家教的首选美德。据吕本中《杨龟山先生行状》记载。杨时小时生母陈氏去世时，他哀伤悲泣，令在场者无不落泪，后来侍奉继母廖氏时就像对待亲娘一样恭敬谨慎。杨时33岁时继母廖氏去世，他当即辞了徐州司法的官职，日夜兼程回乡奔丧，并且为继母守孝3年。宋哲宗元祐五年（1090年），杨时38岁，官虔州司法。十月父病卒，他又解官回龙池服丧，葬父于龙池的龟山之阴，为父守制3年。杨时不仅在实际生活中能始终如一地坚守德孝，在其学术理论中，也同样传达了这一思想。他以乾坤确立起感通之德能，阐明此德能如何从个体之身位向家庭或社会扩展，并推达至天下万物。每当遇到事情时，他总是能用自己的心意去推想别人的心迹，从而调和各方面的意见使之适中。他还能掂量事情的先后与轻重，使之没有毫发偏差。他秉承崇文尚德、尊师敬道、勤劳俭朴、吃苦耐劳、诚实直爽、刚正不阿、助人为乐、开拓进取等精神品质，与他的夫人余氏一起勤俭持家、言传身教，对子孙们严格管教，为家族树立了一个典范。

节俭既是生存的必需，也是人们公认的美德。司马光在家训中特别强调，有德者皆由俭来，奢侈为大恶。胡安国评价杨时说：

视公一饭，虽蔬食脆甘，若皆可于口，未尝有所嗜也；每加一衣，虽狐貉褞袍，若皆适于体，未尝有所择也；平生居处，虽弊庐夏屋，若皆可以托宿，未尝有所羡而求安也。

杨时不为世俗所累，他家的田产，都是祖辈所遗留下来的，从来没有为自己再营增一分半亩。当他年老的时候，甘愿做个小官吏，不求功名，隐居乡里。他以推行圣贤之学为己任，甘于淡泊，粗茶淡饭，不敢奢侈。杨时为了教育儿孙“俭以养德”，赋诗勉励儿孙：

敝裘千里北风寒，还忆箪瓢陋巷安。

位重金多非所慕，直缘三釜慰亲欢。

将乐县杨氏族谱家训里面记载说，勤俭是起家之本，是传家之宝，是立业之基，是人生所当为。这显然秉承了杨时的遗训。

杨时作为教育家，是很重视家教的。家风与家学为杨时良好的家教打下了基础。家教即在家设教。古时学校很少，家教是社会思想和文化教育的主体，是世族文化传承的基本方式。对于一个家族而言，家教是确立其家风、延续家学传统的基本方式。杨时以家教立名，既具有孝友之内行，又有经籍文史学业之修养。杨时立家规，训童蒙，立书屋，严要求，筵师教育家庭子弟，用严谨的家风和独特的家教，培养其子孙成为国家有用之才。在古代“学而优则仕”的大背景下，科举考试是读书人的一条重要出路。他的家教重视诗赋、经籍、文史等内容的教育，这些教育主要是围绕科举考试来进行的。

丹桂六枝芳

中国历史上，传承家学是世人治学的一个重要特点。没有家学的渊源和基础，单靠个人的才华治学是比较困难的。陈寅恪在谈及士族门风与学业之间的关系时说：“士族之特点既在其门风之优美，不同于凡庶，而优美之门风实基于学业之因袭。”杨时24岁时登进士榜，5个儿子也都是进士，可谓五子登科，父子六进士，被称为“杨氏丹桂六枝芳”。

杨时长子杨迪（字遵道），在儿童时代就努力学习，指物作诗立就，文理可观。他成年后，学识更加贯通古今，孝悌友爱温和平易，邻里朋友都对他赞不绝口。他到太学游学的时候，声望超出同辈人。后来离开太学，抱经游学于伊川之门，以藐然少年周旋于群公之间，同门的士人都拱手而推尊。伊川先生也称赞他的高才。他在给杨时的信中说：“令子名迪者，好学质美，当成远器。”杨迪于《易》《春秋》的造诣最高。他精通各种儒家经典，少年得志，考中进士，任修职郎、源陵县尉。可惜，崇宁三年（1104年），杨迪因为疾病早逝。

杨时次子杨迥（字昭远，又字勉斋），生于宋元丰八年（1085年），力学通经，由进士任承奉郎，历任右司、迁居舍人，官至判院。韩元吉《南涧甲乙稿》称赞他：“白头入幕府，始与夫子亲。夫子龟山裔，麏麚见祥麟。”

杨时三子杨遹（字昭祖），生于宋绍圣三年（1096年），登宣和元年戊戌（1119年）王昴榜进士。历任军器监丞、工部员外郎等职。

杨时四子杨适（字积义），生于宋元符三年（1100年），进士及第。历宣教郎、婺州（浙江金华）通判、京正寺丞等官职。

杨时五子杨造（字汝旨），生于宋大观元年（1107年），进士出身，历编修官、迪功郎、本路安抚、承议郎、宣教郎、台州崇道观等职。

杨时长女许配给陈渊，次女许配给陆堂，三女许配给李郁，四女在杨时去世时尚未出嫁。陈渊和李郁这两个女婿都是他的学生，也是著名的理学家。

杨时的儿子、女婿7人，除三女婿李郁外都是进士，而李郁虽没科考名分，却是杨时高徒，是“智识文行超群”之士。这几人均非泛泛之辈，说是“老成持重”“世事练达”亦不为过。从学识看，他们都是学有所成，都是满腹经纶的饱学之士；论社会地位，个个都是当朝或大或小的官员。《南平县志》记载，杨时子孙登科第者数十人。杨氏家族也成为南剑州有名望的书香门第。

《杨氏家谱》

杨时为了敦伦睦族，曾编有《杨氏家谱》。他在《杨氏家谱序》中说，家之有谱，就像国之有史。所以古来世族名家，没有不写家谱以传于后世的。杨家自开基以来，年代久远，谱牒不无欠缺和简略，支分派远，真伪难以稽查。他年轻时就以修谱为急务，以此引为己任。在各地任官期间，他苦于案牍劳形，这个愿望没办法实现。后来他有幸挂冠回到家乡，就竭力搜求资料，细心考核世系，辨别昭穆制度，繁者删之，缺者补之，不因为族人的地位卑微而不收录，不因为族人的地位高贵而高攀，务必使翻阅族谱的人一目了然。从一世祖以及百世，各知所自出，不至于紊乱而没统纪。《杨氏家谱》的修成，符合

《杨氏族谱》

国家正史强调的惩罚邪恶、劝勉向善的道理，就近处而言足以安慰内心久违的夙愿；就远处而言，可以让族人将来坚定地信奉遵从其先祖前辈的德行功绩，或足以提供小小的补益，而不至于把它看成老生常谈。

杨时家训十条称：一训父慈，二训子孝，三训臣忠，四训夫义，五训妇从，六训友恭，七训敬长，八训择友，九训睦族，十训和邻。家训言简意赅，发人深省。此后历代杨时后裔谨遵祖训，恪守家规，以传承祖德为核心的家风也愈见浓厚，家风文化的内涵大大丰富。

明代杨氏家训为：

> 勤耕务读，敦伦孝亲，卑无犯上，富莫骄贫，居仁由义，睦族和宗，布衣菲食，气忍家宁。

清代杨氏家训主要内容有：

> 顺父母，睦兄弟，和宗族，完国赋，务勤俭，勤耕读，谨丧祭，慎嫁娶，安本分，禁非为，守公法，记铭言。

现代将乐杨氏族谱家训32句，18个不准，对忤逆不孝、兄弟阋墙、虐待子女、伤风败俗、好逸恶劳、偷盗赌博等有悖伦理的行为予以坚决反对，并谆谆告诫家人谨守勿忘、遵规执行。这些家规家训内容具体详尽，都围绕杨时祖训这个根本来制定。它们是杨时后裔凝聚家族、规范相地，也称堪舆，就是踏勘、选择墓葬之地。

后人、立身处世的行为准则，是杨时家风文化的一个灵魂，潜移默化地教育和熏陶着杨氏后人。

现将乐县南口乡蛟湖村、光明乡葛布村和前溪自然村等《杨氏族谱》就是据杨时所修谱续编。

流芳百世

绍兴五年（1135年），杨时83岁。这年三月十五日，杨时与几个朋友相地于镛州之南山。杨时的故乡将乐县曾于闽天德三年（945年）一度升县为州，因县城西郊有山形如覆钟，故取名为“镛州”，“镛”就是大钟。“镛州之南山”指的是将乐县城南面的山。

堪舆学以易学为基础，在战国时期已发展到较为完善的水平。经秦汉迄唐宋，堪舆学较前代又有大的发展。这一时期，凡是研习《易经》者大多通晓堪舆之学。杨时也精于《易经》，从八九岁开始，一直到24岁考中进士，十数载寒窗，《易经》是必修的内容。他于元祐八年（1093年）拜程颐为师，程颐在洛阳讲学的内容主要是以易说理。宋政和元年（1111年），杨时在萧山知县任上，得意弟子罗从彦从家乡前来求教。他初入杨时门下时听杨时讲授即“汗惊浃背”，惊叹说“不至是，几虚过一生矣！”杨时在讲《易·乾·九四爻》时，曾说“伊川（程颐）说甚善”。为了求证，罗从彦返回家乡，变卖田产，充作盘缠，前往洛阳向程颐请教。当他发现程颐所说与从杨时处听到的相差无几，便又从洛阳折返，师事杨时。从罗从彦求学事迹中，我们可以得知，杨时在东南传播理学，程氏易学是讲学的重要内容；杨时讲程氏易学与老师程颐所授的相差无几。杨时作为一个对易学深有

研究的大家，自然也洞悉堪舆学的玄奥，从他选的墓地风水地理来看，至少是个行家。绍兴五年三月，杨时得脚气疾，继而喘咳，然而并未卧床。至四月中旬病势虽稍增，起居饮食如常。四月二十三日，还与李纲谈论性善之旨。《龟山年谱》载："二十四日，先生卒于正寝。是日，先生晨兴，盥漱，粥罢，诸子侍侧，谕以修身齐家作人体要。语毕，至中庭书室就寝。随视之，先生已逝矣。"就这样，一代名儒与世长辞，享年八十三岁。这年十月二十二日，按照杨时生前遗愿，他被葬于将乐水南乌石山麓。杨时墓历代官府于春秋两祭，族中人、敬慕者亦遵例而行。

将乐龟山墓

杨时去世后，他的后人认为，请他的学生吕本中写《杨龟山先生行状》最为合适。吕本中出生于世家大族，他的先祖吕蒙正、吕夷简、吕公著，先后为相。吕本中不仅出身名门，而且本人忠孝爱国、刚直清慎，又是杨时的得意弟子和抗战派的同僚，加之文才非凡，是执笔撰写《杨龟山先生行状》的不二人选。

对于恩师后人的请求，吕本中一口答应。他不负众望，洋洋洒洒几千字的《故工部侍郎、龙图阁直学士、左朝请大夫杨龟山先生行状》很快写成，一篇震古烁今的名篇由此诞生。真不愧编修之职、文坛巨匠之称，其笔如椽，不同凡响，回响千古。然而吕本中非常谦虚，认为自己没出息，跟从龟山先生游学很久，虚往实归也不是一两天的事情了，然而由于资质低下，不能发扬光大先生的学说。如今先行状，汉朝称“状”，元代以后称之“行状”或“行述”。叙述死者世系、生卒年月、籍贯、事迹的文章，常由死者门生或亲友撰述，留作撰写墓志或史官立传的依据。

生已去世，其子嘱托自己给先生写传，所以才倾力写了本篇行状，作为将来世上的君子论述龟山先生一生的履历而铭刻在墓碑上的参考，这也是一件义不容辞的事情。

吕本中的《杨龟山先生行状》写成后，杨时亲属一一传阅，都没有异议，相当地满意。他们拿着这篇行状，又去请胡安国写墓志铭。胡安国与杨时认识30年，对其出仕及退隐、人生经历等比较熟悉。请胡安国写《龟山先生墓志铭》，也是非常合适的。

杨时逝世的当年，朝廷根据上报的《杨龟山先生行状》所记述的内容，经过多道的审议程序。近臣给事中朱震上奏书说龟山先生曾“辩诬谤以明宣仁圣烈之功，雪冤抑以复昭慈圣献之位，排邪说以正天下学术之谬”，请求依旧例优恤他的家人，并请朝廷给他赐谥号。高宗下诏赠杨时为左中大夫，又赠太师太中大夫，并赐金帛帮助杨时家人办理丧事，上谥号“文靖”。

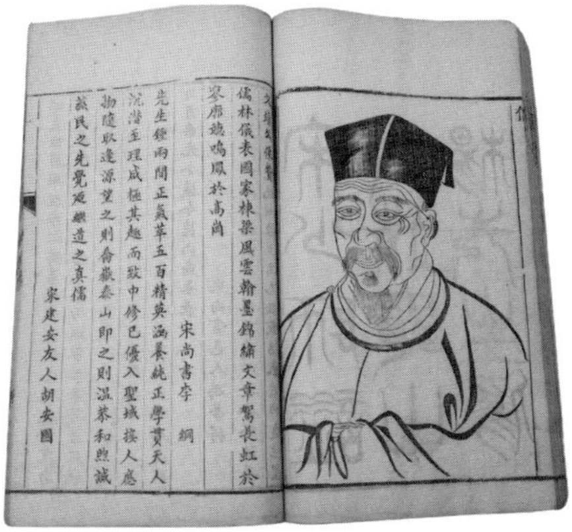

《杨文靖公集》

绍兴十二年（1142年），杨时被追封为吴国公，其道德人品被高度赞誉。宋高宗赠文：“言正而行端，德闳而学粹。……网罗百家，驰骋千古。辨邪说以正人心，推圣学以明大义。面陈疏义，足以扶国本于当时；注释经义，足以开来学于后世。”

李纲赞之：“儒林仪表，国家栋梁；风云翰墨，锦绣文章；

驾长虹于寥廓，听鸿风于高岗。”文天祥誉其：“维我先生，天立作傅；七岁能诗，八岁能赋；文明聚奎，鼻祖为祖；毁弃三经，和议排阻；邹鲁鸿传，道南有补。”

清康熙御书“程氏正宗”

咸淳三年（1267年），朝廷下旨在将乐县北龟山之麓建“龟山书院”，宋度宗亲题“龟山书院”匾额，并诏郡县拨田优恤其后代，规定每年春秋两季祭祀。元至正二十七年（1367年），朝廷追封杨时为“太师、吴国公”。

明洪武十三年（1380年），明太祖敕将乐知县重修书院。成化元年（1465年），朝廷敕在延平（今南平）建“道南祠”，同年，开始讨论杨时从祀孔庙的问题。先是浙江绍兴府知府彭谊提出从祀之议，议论被搁置，没有实行。弘治七年（1494年），福建将乐县岁贡生员何昇再奏前事。其后，国子监博士杨廷用又再次申请。太学士徐溥等依杨廷用议题复奏，经礼部核准，认为杨时有传道、卫道之功，准予配祀孔庙，列于司马光之下、胡安国之上，加封伯爵。弘治八年七月，明孝宗正式追封杨时为“将乐伯”，从祀孔子庙庭，位列温国公司马光之后。弘治十年，任将乐县令的李熙（字师文），上了《请崇祀龟山恤后疏》，希望皇帝诏令有关部门在每年春秋祭祀以外，按照赵清献公（赵抃）事例，另准备牲醴祀帛，于书院祭祀杨时。万历十二年（1584年），朝廷敕将乐县拨田153亩供祭祀杨时用。清康

杨时纪念馆

熙四十五年（1706年），康熙皇帝应福建督学沈涵的请求，亲笔御书“程氏正宗”赐龟山书院。现延平玉地村主管杨龟山祠的杨时后裔珍藏有康熙帝的亲笔御书。

明清以来，“道南衍派”传播至台湾。杨时后裔以有这样一位显祖而感到无上荣耀，他们修建的祠堂叫“道南祠”，堂号也改为“立雪堂”，并以“道南衍派”自称。《全台诗》收入的杨廷理诗《兰城仰山书院新成志》曰：

龟山海上望巍然，追溯高风仰宋贤。
行媲四知留榘范，道延一线合真传。
文章运会关今古，理学渊源孰后先。
留语诸生勤努力，堂前定可兆三鳣。

这反映的是杨时后裔对杨时的尊崇。台湾的杨姓人口数量有50多万，在台湾姓氏人口数量排序前十名。台湾杨氏当中属于“道南衍派”的人数不少，分布遍及全岛，英才辈出，在岛内外社会中有相当的影响力。

今天华夏儿女们用各种方式祭奠这位为倡道东南做出伟大贡献的一代理学宗师。

德敷天地
吾道南來第一家
山長水遠千秋領袖傲傳衣
一林風月伴宗儒

附　录

福建各地开展杨时研究纪念情况

杨时的一生，勤学究理、尊师重教、践履崇实、经邦济世、清廉勤俭等可贵的品德和精神，是我们今天培育社会主义核心价值观的思想资源。杨时虽已离世近九百年，但他的精神仍散发着历久弥新的魅力。

杨时文化研究蓬勃发展

为了弘扬杨时的人文精神，福建省相继于1992年8月成立了将乐县杨时研究会，2005年10月成立了延平区杨时文化研究会，2007年9月成立明溪县杨时文化研究会。在此基础上，福建省于2009年12月成立了福建省杨时学术文化研究会。这些组织建立后，积极开展学术研究、文化交流、联谊活动，以及文化遗产的保护和文化遗址的修复工作，极大地推动了杨时文化建设的发展。

福建省各地杨时研究会先后举办了各种主题的研讨会。2008年8月，在明溪举办了“海峡两岸纪念龟山先生诞辰955周年暨杨时文化学术思想”研讨会；2011年7月，在武夷山举办了“杨时教育思想与书院文化”学术研讨会；2012年11月，在延平区举办了“杨时文化研究”学术会；2015年6月，省杨时学术文化研究会与延平区杨时文化研究会共同在延平区举办了“杨时家训、家教暨教育思想”学术研讨会等。

此外，2014年7月，省杨时学术文化研究会与将乐县杨时研究会在将乐联合举办了“海峡两岸弘扬杨时‘尊师重教’之精神”研习活动，两岸高校杨氏学子75人参加了这次活动。这次活动在两岸青年学子中进行，有利于他们对中华传统文化的了解，增进海峡两岸文化认同。将乐县杨时研究会还于每年清明节举办祭扫先贤杨时墓系列活动，接待海内外前来考察杨时文化遗迹的专家、学者，以及寻根谒祖、投资兴业、旅游观光等的杨氏宗亲。

福建省各地杨时文化研究会广泛开展海峡两岸学术文化交流活动，先后组织人员参加在高雄举办的“海峡两岸姓氏文化研讨会”；在邵武市举办的“海峡两岸‘理学与太极文化’”论坛；在台北市举办的“东亚视域中中华意识”国际学术研讨会；在华侨大学厦门校区召开的“儒家哲学之大本与达道”学术研讨会等。通过出席各种有关的学术研讨会，两岸学者相互增进了了解，获得了新的思想启迪。

福建省各地杨时文化研究会深入开展杨时思想的研究，编辑出版了《杨时故里考证》《杨时——将乐之光》《龟山诗联集》《杨时文化研究文集》《纪念杨时诞辰960周年学术论坛论文集》《杨时教育思想与书院文化学术研讨会论文集》《杨时文化研究》《杨时文化研究续集》《道南学派思想研究》等26部论集。此外，各地学者还撰写了许多高质量的学术论文，发表在海内外的学术期刊上，推动了杨时思想研究的深入发展。

文化宣传不遗余力

在深入开展杨时研究的同时，各地杨时文化研究会还不断加大对杨时文化传统的宣传。2008年，将乐县政府拨出专款，建立将乐县杨时纪念馆，占地面积970平方米，由展览厅、演播厅等组成。2008年，明溪县政府拨出专款，建立杨时文化展厅，占地面积500多平方米。

龟山陵园牌坊

这些都是宣传杨时文化传统的重要基地。将乐县杨时研究会还举办了“杨时文化年”活动，组织纪念杨时诞辰大型活动。此外，各地杨时文化研究会编辑《杨时故事》、拍摄了《杨时》电视系列宣传片，宣传杨时文化传统。

近几年来，杨时文化遗产保护和遗址修复工作得到各界的高度重视。2012年，将乐杨时文化园被列为省重点建设项目，总投资5.5亿元，修建有杨时大观园、龟山书院、溪云庭月、宋代古街等，展示了宋代历史文化风貌。2013年，将乐弘农杨氏联谊会牵头，各地杨氏宗亲捐款100多万元，修复了龟山陵园，杨时墓前的“宋龟山文靖杨先生神墓”碑、立雪亭、墓体前的明代风格的重檐歇山式牌楼，悬挂上“程氏正宗”“倡道东南”阳刻牌匾。龟山陵园成为海内外杨时后裔寻根谒祖的重要活动场所。1985年，杨时墓被列为省级重点文物保护单位。

杨时的一生，勤学究理、尊师重教、践履崇实、经邦济世、爱国怀乡、勤政为民、清廉勤俭等可贵的品德和精神，是我们今天培育社会主义核心价值观的思想资源。杨时虽已离世近九百年，但他的精神仍散发着历久弥新的魅力。

延伸阅读

1. 范立生. 杨时故里考证. 成都：成都时代出版社，2009.

2. 林海权，胡鸣. 杨时故里行实考. 福州：福建人民出版社，2008.

3. 明溪县政协文史资料委员会，明溪县杨时文化研究会. 杨时研究文集. 福州：福建人民出版社，2008.

4. 郜骅. 杨时故里文物. 福州：海峡书局，2013.

5. 方彦寿，范立生. 杨时文化大典. 香港：中国姓氏文化出版社，2013.

6. 吴福瑞. 杨时与将乐. 成都：成都时代出版社，2010.

7. 范立生. 客家名贤杨时研究文集. 成都：成都时代出版社，2011.

8. 张品端. 杨时教育思想与书院文化学术研讨会论文集. 厦门：厦门大学出版社，2013.

9. 廖吉郎. 中国历代思想家（十）：王安石、程颢、程颐、杨时. 北京：商务印书馆，1981.

10. 林海权点校. 杨时集. 福州：福建人民出版社，1993.

11. 张元济. 宋本龟山先生语录. 上海：上海商务印书馆，1934.

12. （宋）杨时. 杨龟山集. 北京：中华书局，1985.

13. （宋）杨时. 二程粹言. 上海：上海商务印书馆，1936.

后　记

福建，山海相拥，人杰地灵，人文荟萃，英才辈出，产生了许多伟大的思想家、文学家、教育家、科学家和民族英雄、爱国先驱、革命将士、时代楷模。他们的教育成长、道德品行和思想文章，是福建的宝贵精神财富，教育和激励着一代代福建人努力学习、奋勇前行。福建省社会科学界联合会组织编写的“福建历史文化名人丛书”，以福建历史名人为题材，古今结合，意在从高处着眼、从基础着手，普及人文社会科学知识，促进人文道德养成，使社会科学知识走进大众、走进生活、走进现实，让更多的人了解福建历史名人，弘扬优秀传统文化，增强福建文化影响力和感染力，为建设文化强省添砖加瓦。

“福建历史文化名人丛书”（第一辑）所包含的朱熹、林则徐、严复、陈嘉庚、王审知、杨时、郑成功、黄道周、林语堂、林纾10个人物故事，记录了福建文化之于中国历史的影响，同时也以人物史的叙述方式生动地展现出中国人文精神的风骨和传统文化的传承。人物篇以人物生平为线索，在故事中体现传主的学问、事功、道德，凸显他们在中华文明进程中的重要作用，深入挖掘和阐发其内在精神，从而激起读者爱国爱乡的强烈情感，使之成为涵养社会主义核心价值观的重要源泉。

这套丛书以广大群众为读者对象，尤其是各年龄段的学生群体以及受过中等教育的读者，他们对这些历史名人的认知，大多来源于历史课本、乡土教材、文化景点和博物馆，很难形成具体、深入、系统的认识。丛书深入浅出，雅俗共赏，通过一个个生动精彩的故事带领读者走进福建历史，走入人文社会科学的知识殿堂，融故事性、知识性、趣味性、可读性于一体，对提升大众的阅读水平、普及社会科学知识、提高人文社会科学文化素养和思想道德素质有着积极的作用。

福建省社科联党组书记、副主席冯潮华对编撰出版工作提出明确要求，给予大力支持。省社科联党组成员、副主席缪建萍亲自指导本书的策划和编写。省社科联普及部的缪旭明、杨文飞、林彤、李培娟等具体组织实施本丛书的编撰出版工作。

马照南、汪征鲁、林国平、刘传标、刘小新、王日根、茅林立、林焱、黄启权等专家学者对丛书写作大纲和书稿进行了认真审读，并提出了许多很好的意见和建议，在此表示感谢！

由于编纂出版时间紧，经验和水平有限，疏漏在所难免，敬请广大读者批评指正！

编委会

2016年2月